中公文庫

１０１歳。ひとり暮らしの心得

吉沢久子

JN159539

中央公論新社

１０１歳で大往生された吉沢久子さん。
幸せな言葉をありがとうございました。

101歳。ひとり暮らしの心得

目次

第一章　生きていることが楽しくなる秘訣

福を呼び込む生活

第三章

ひとり暮らしの住まいと庭
快適な環境を整える

第四章 ひとり暮らしの食卓
手作りの知恵と工夫

第五章　自分らしく生きるために「しないこと」十訓

第六章　ひとり暮らしの知恵

自宅の仕事部屋で

本文写真／秋元孝夫
本文挿絵／杉崎文子
杉崎紀世彦（P96、149、207）
編集協力／岩田涼子
DTP／今井明子

101歳。ひとり暮らしの心得

第一章
生きていることが楽しくなる秘訣

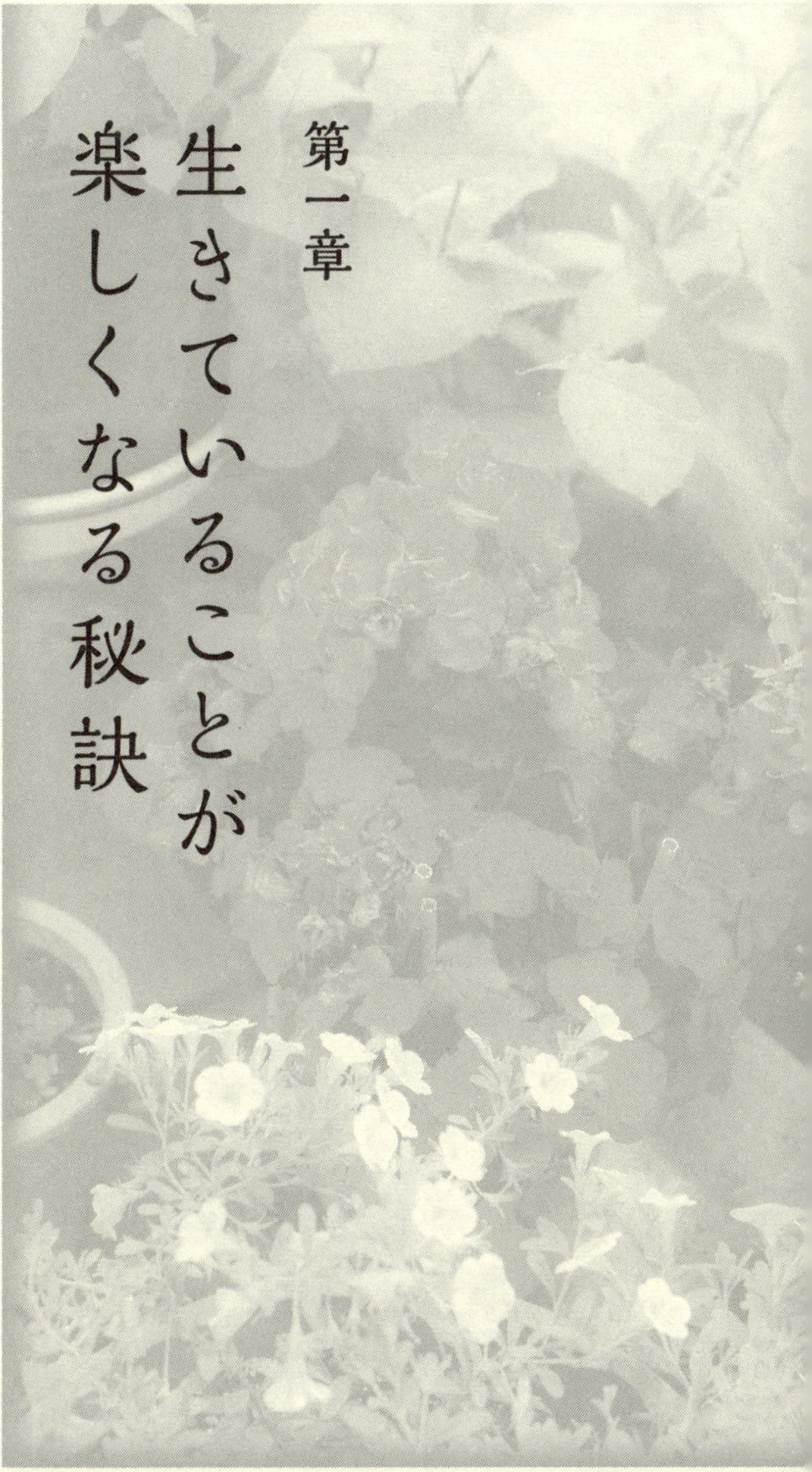

福を呼び込む生活

秘訣1

あまり大きな望みを持たず目の前のことを全力で

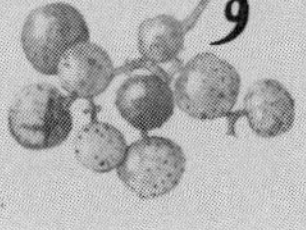

30代の半ば頃、知人の結婚式に招かれた際、新郎の恩師である児童文学者の坪田譲治先生が祝辞で「望みは小さく持ったほうがいい」とおっしゃいました。お祝いの席ではふつう、「大きな望みを持って羽ばたけ」と言いそうなものですが、逆のことをおっしゃったのです。

大きな望みを持つと、もしかしたら途中で挫折し、敗北感に打ちのめされるかもしれません。しかし、自分の足で確実に登ることができる山なら、頂上に辿りついたときの達成感も得られるし、この経験をもとに次はもう少し高い山にチャレンジしてみようと、新たな計画を立てられます。それからはやみくもに大きな望みを抱かず、身の丈にあった目標を立て、一つひとつ丁寧に取り組むようにしました。

おかげで小さな幸せに気づけるようになり、日々を楽しく生きられるようになりました。目の前の小さな目標に真摯《しんし》に取り組めばいい。その連続が生きることなのでしょう。私が101歳でも仕事をしていられるのは、坪田先生の言葉と出会ったおかげかもしれません。

秘訣 2

「どうせ私なんか」をやめると人生はいい方向に回り始める

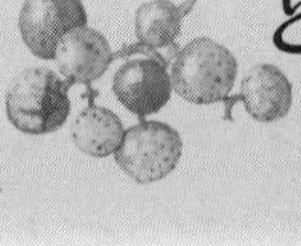

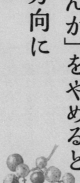

私は幼い頃から母に、「おまえのような鼻がペチャンコでみっともない顔の子は、お嫁のもらい手がない」と言われ続けてきました。そのせいで私は、「どうせ私なんか」と卑屈になり、その裏返しで自分を甘やかすようになりました。どうせ誰も私の暮らしなんか気にとめないのだから、部屋が散らかっていてもいい。おいしいものは好きでしたが、自分で作ろうという前向きな気持ちには、なれませんでした。つまり努力を要することとなると、「どうせ私なんか」という怠惰なところへ逃げ込んでいたのです。

そんなとき、「顔はその所有者が一生かかって作りあげる高度な芸術品である」という言葉と出会ったのです。自分の顔は自分で責任を持て。そう言われて初めて、私は不美人という生まれつきに甘えている無責任さを自覚しました。

そして、これからは自分なりの〝顔〟を作っていきたい。そのために前向きに生きようと、心に決めたのです。

秘訣3

美しいものは小さなものでも見逃さない

亡き夫から言われた言葉で忘れられないのが、「美しいものは、どんな小さなものでも決して見逃すな」。ともすれば踏みつけてしまいそうな雑草の花も、たしかによくよく見るととても美しいし、たくましいのです。

小さなものの美しさに気づいた私は、家のあちこちに虫めがねを置くようになり、散歩にでかけるときもポケットに虫めがねをしのばせるようになりました。するとそれまでは見落としていたものがどんどん目に入り、いろいろな発見があり、楽しくて仕方ありません。

そのうち双眼鏡も買い、庭に来る小鳥を見るようになりました。おかげで90を過ぎて出歩くのが難しくなっても、庭の小さな草や虫などを見て、楽しい時間を過ごしています。

秘訣4

イヤなことは忘れる訓練をする

１０１歳も生きていれば、当然ですが、いいこともあれば、悪いこともありま す。幼いころに両親が離婚し、心満たされない子ども時代を過ごしましたし、戦争で婚約者を失いました。かなり気難しいところのある夫にも仕え、姑の自宅で介護も経験しています。

しかし私は、イヤなこと、つらかったことは忘れるようにしています。もう少し正確に言うと、忘れる訓練をしたのです。そうでないと、自分が救われないからです。誰の心の中にも、つらい思い出やイヤな記憶はあるはずです。でも、ことさらそれを取り出して、「私はこんな目にあった」などと負の感情を反芻《はんすう》しても、もやもやとしたイヤな気持ちが蘇るだけで、いいことなんかまったくありません。

イヤなことを忘れるというのは、訓練によってけっこう習慣になるものです。私がこの歳でも日々楽しく、幸せに生きていけるのも、この訓練のたまものかもしれません。

秘訣 5

歳を重ねた分「いい思い出が増えていく」と考える

私は、イヤなことは忘れるかわりに、いい思い出や楽しい思い出は大事にしてきました。たとえどんなにささやかなことであっても、うれしいこと、幸せだなと感じた瞬間の気持ちは、忘れないようにエッセイなどで書くようにもしてきました。

すると年齢を重ねれば重ねるほど、いい思い出の量だけがどんどん増えていきます。だから私は今も、毎日が楽しいのです。

身体が動かなくなっても、体調が悪くても、いい思い出と、訪れてくれる友人、支えてくれる身内や知人がいたら、前向きな気持ちでいられます。私はなんと幸せなんだろうと思います。

秘訣6

明るく生きるには欲張らないことが大切

しかめっ面で過ごしても人生、笑って過ごしても人生。だったら、笑って過ごしたほうがいい。私はずっと、そう思って生きてきました。あれこれ悩むのと、明るく生きるのと、どちらが幸せになれるのか。言いかえると、どちらが人生にとって得か。そう考えて、私は自分にとって得なほうを選んだのです。そして、「明るく前向きに生きよう」と自分に言い聞かせ、自分でそういうふうに仕向けてきました。

明るく生きるには、欲張らないことです。足ることを知れば、そうそうつらくはなりません。私は、何もいらないと思って生きてきました。そして、日々の暮らしのなかでどうしたら自分を楽しませられるかを、考えてきました。おいしいものを食べる。日々の暮らしのなかで小さな美しさを見つける。

そんなささやかなことが、自分を楽しませ、生きる喜びを与えてくれました。

秘訣7

「日ぐすり」という言葉のやさしさをかみしめる

日本語には、誰が言い始めたのかはわからないけれど、なんともいえない味わいのある言葉があります。

「日ぐすり」という言葉も、そのひとつ。以前、妹が亡くなってしばらくたってから、寂寥《せきりょう》感に打ちひしがれている妹のつれあいに「日ぐすりという言葉を知ってらっしゃる？　今は一番つらいときかもしれないけれど、時間が薬になるので、一日一日を、ご自分を大切にして、妹の分まで生きてやってください」と申しました。

私も姑と夫を相次いで亡くした後、後片付けや事後処理が一段落してから、なんともいえないような寂しさが押し寄せてきました。そのとき、「日ぐすり」という言葉を思い出し、自分を慰めたものです。

秘訣8

人の欠点には目をつぶり、いい面だけを見るようにする

かつて夫から、「人の欠点は、見えても見るな。いいところだけを見るようにしろ」と言われたことがあります。

世の中には、欠点のない人なんていません。どんな人にも、いいところもあれば、悪いところもあります。自分だって欠点がたくさんあるのだから、お互いさま。もし人の悪い点に気づいたら、心の中で「自分にも同じような面があるかもしれない。気をつけよう」と、自らへの戒めにすればよいのです。

「まぁ、人はいろいろだし。それにあの人は、こんないいところがあるのだから」と、その方の美点だけを見るようにすると、イライラしないですみます。逆に人の欠点を気にし始めると、イライラの種はつきません。

すると腹が立つことも多く、日々面白くない気分でいることになります。そう考えると、「人の欠点は、見えても見るな。いいところだけを見るように」というのは、人付き合いのコツであると同時に、幸せに生きるための極意と言っていいかもしれません。

秘訣9

女性も男性も家事は自立の第一歩

自立というのは、なにも経済的な自立だけをさしているわけではありません。平たくいうと「自分のことは自分でできるように」ということです。

男の方は、どうやら高を括っている方が多いようです。定年後も、家事は妻任せ。ところが妻が病気になり、自分が何もできないことに愕然とした、という話をよく聞きます。高齢になってから「この歳で、こんなことをするとは思わなかった」と感じるのは、けっこうつらいはず。

人間として生きていく上で、身の回りをきれいにし、自分で自分を食べさせるのが、自立の出発点です。

男性も女性も、若い頃から家事を身に付けておいたほうが、結局は将来、自分が楽になります。

秘訣
10

何かを手放すときは気持ちを切り替えて潔く

私は、50代に入ってから、たとえば人前で鰺の頭をスパッと落とそうとして一気に切れなかったり、ときどき固いものが切りにくいなと感じたりするようになりました。若い頃より筋力が落ち、包丁さばきが鈍くなってきたのです。

そこで50代半ば頃、もうこれからは人前で仕事として料理を披露するのはやめようと決めました。自分が理想とする仕事のやり方ができないなら、スパッとやめよう。その代わり、違う仕事のやり方を探せばいいと、パッと切り替えたのです。力がなくなったら、生のカボチャはうまく切れません。だったら、ちょっと電子レンジにかけてからカボチャを切ればいい。そんなふうに、どう暮らしを便利にしていくかということに興味が移っていきました。

できないことや、衰えてきたことにしがみつくよりは、今の自分にできることを探す。そういう習慣を身につけておいたおかげで、歳を重ねて日々衰えを実感するようになっても、鬱々とすることなく笑って生きていられるのだと思います。

秘訣11

「できない」ことを受け入れる

歳をとると、それまであたりまえにできていたことが、だんだんできなくなります。足腰が弱るので歩くのもままならないし、しゃがむことができないので床のゴミも拾えません。年齢とともに肉体は衰え、できないことが増えます。

でも、失ったものを数えて嘆いていたら、どんどん暗くなり、みじめな気持になるばかり。人によっては愚痴が増え、まわりの人を辟易《へきえき》させるかもしれません。

能力が落ちたら、それに変わる方法を工夫することも大事ではないでしょうか。また、老いてからも明るく楽しく生きるには、できないことはあきらめる潔さも必要です。

かつてと同じように暮らせなくても、与えられた今の生活を自分らしく楽しむことができたら、十分幸せだと私は考えています。

秘訣
12

身だしなみを整えると気持ちが前向きになる

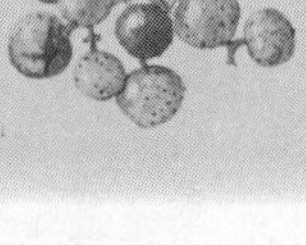

姑の毎日の身だしなみを見ていました。

93歳で認知症を発症するまで、朝起きるときちっと着替えをし、洗顔後はフランス製の化粧品でうっすらお化粧をし、ブラッシング100回を欠かしませんでした。

おしゃれと身だしなみは、ニュアンスが少々違います。姑の習慣を見て、私も見習わなければと思ったものです。おしゃれは、主におでかけのときにどういう恰好をするか。身だしなみは、日常生活の中できちっとする、ということだと思います。起きたら着替えるというのも、最低限の身だしなみ。着替えると生活にけじめがつき、「さぁ、今日も一日が始まる」と、心構えがつくからです。

高齢になると万事しんどくなるので、身だしなみにかまわなくなり、生活がずるずるしがちです。だからといってだらしなく過ごしていると、気持ちも後ろ向きになり、なんとなく鬱々してきます。いつも前向きな気持ちでいるために、歳を重ねれば重ねるほど、身だしなみは重要だと思います。

秘訣
13

出かけられなくなったら社会を家に呼びこむ

年齢を重ねると、足腰が弱り、なかなか外出できなくなります。その結果、人と接する機会が減り、誰とも喋らなくなってしまうと、とてもわびしい生活になってしまいます。そうならないためには、人が気兼ねなく訪ねてこられるオープンな家にしておくことが大事です。

ただ、70、80になってからいきなりそういう環境を作るのは、なかなか難しいかもしれません。社会を家に呼びこむには、40代、50代の頃から心地よいと思える人と関係を築き、風通しのいい家にしておく必要があると思います。夫は60歳になったとき、家を人が集まる場にしようと、月1回、それぞれの分野の研究者などを家に呼び、みんなで話を聞く「むれの会」を始めました。当時来ていた若いお嬢さんや私の友人が、今も月に1回うちで集まり、今興味があることを話しながら、食事を楽しんでいます。

夫が始めた勉強会のおかげで、私も知的好奇心が衰えずにこの歳まで過ごすことができました。

秘訣
14

年下の友人は人生の宝物

同世代の友人はみんな先に逝ってしまいました。

ノンフィクション作家の高見澤たか子さんも、そんな年下の友人のひとり。家が近いし、お互いに夫を見送ってひとりなので、うちでときどき一緒に食事をしています。高見澤さんは「むれの会」が縁で、高校生の頃からうちに出入りしていました。ときどきうちに泊まっていくので、朝、お弁当をつくって持たせることも。「行ってきます！」と、まるで自分の家から出かけるみたいな感じで、うちから高校へ行っていたものです。

若い頃からの知り合いだと遠慮もないし、隠し事もしないですむので気が楽です。高見澤さんが買い物に出かける際、「何か買ってくるものはない？」と声をかけてくれるので、私も遠慮なく「じゃあ、鶏肉と大根をお願いね」などとお願いしています。

秘訣
15

新しいことを始めるのに〝遅すぎる〟ことはない

姑は若いころロンドンで身につけた英語を生かし、70代になってから、若い人たちに英語と英語圏でのマナーを教える教室を開きました。人に教えるからには、まず自分が向上しなくてはいけない。そう発奮した姑は、「50年前学んだ私の英語力を、現在のロンドンで試したくなってきたわ」と言ってひとりで海外に出かけ、語学力のブラッシュアップをはかったのです。

英語の教室を開き、充実した日々を送っていたある日、姑の長女が亡くなりました。子に先立たれた親の悲しみは、察してあまりあります。しかし10日ほどたつと、「あまり長くお休みすると申し訳ないから、来週からまたレッスンを始めようと思うの」と言うのです。

深い悲しみのなかにあった姑を支えたのは、仕事をしているという責任感と誇りだったように思います。何歳になっても新しいことに興味を持ち、好奇心も知識欲も旺盛で、自立心に富んでいた姑。私にとって、心から尊敬できる女性の先輩です。

秘訣16

〝能天気〟はなによりの健康法

「どうしたら101歳までお元気でいられるのですか？」とよく聞かれますが、私にはとくにこれといった健康法はありません。ウォーキングもしなければ、食事制限もしません。本当に恥ずかしいくらい、何もしていません。

玄米が苦手なので、主食はもっぱら白米。いわゆる健康食にも、それほどこだわっていません。お肉が食べたければ食べるし、揚げ物を食べる日もあります。おやつも毎日欠かしません。自分がおいしいと思うものを食べて、すべて自然に任せる。その生活スタイルで、今日まで来ました。

ただひとつ言えるとしたら、わずらわしいストレスを遠ざけてきたことが、一番の健康法だったと思います。苦手な人からはうまく遠ざかり、たいていのことは笑ってすませ、人と自分を比べない。細かいことを気にせず、前向きに明るく生きてきたことが、健康につながったような気がします。

くよくよせず、好きなものを食べて、グーグー寝る。能天気が健康の秘訣でしょうか。

秘訣
17

「人間は結局ひとり」という覚悟が人を元気にする

私の場合は、もともと丈夫だったのと、若い頃から「人間は結局、ひとりで生きていかなくてはいけない」という一種の覚悟を持って生きてきたことが、高齢になっても元気でいられる理由かもしれません。

働き始めたのは15歳のとき。戦争を挟み、30歳で結婚しましたが、夫は文芸評論を仕事としていたので、定収入があるわけではありません。だから私は、自分で自分を食べさせられるようにと、結婚後も仕事を続けてきました。それに夫は10歳上だったので、私のほうが残るに違いないと思っていました。「なんとかひとりで生きていけるように」という強い思いが、私の元気の原動力でしたし、１０１歳まで比較的健康に過ごすことができた理由かもしれません。

秘訣 18

衰えていく自分をうまくあやし、下り坂の風景を味わう

人間、101年も生きていると、身体のあちこちにガタがきます。

生来丈夫だった私も、ここ数年、身体の不如意に悩まされています。生活を手伝ってくれる身内はいるものの、ひとりの寂しさを感じることもあるし、肉体の衰えがまったくつらくないかといえば嘘になります。ただ、これは今の私が見なくてはいけない風景だと思って、自分でうまくあやすようにしています。

人生の上り坂のときは、若さゆえの不寛容もあるのでしょう。人に対しても「この人、どうしてこれができないのかしら」などと思ったりもしました。今は、人にはそれぞれの体力があるし、できることの量も一人ひとり違うのだと理解できます。

上り坂の風景もなかなかいいものですが、下り坂になったからこそ、見えるものもあります。それを今は、全身で味わっています。

秘訣19

病気とも好奇心で付き合う

身体が丈夫で病気とはほとんど縁なくきましたが、さすがにここ数年、不調が出てきました。ふらふらすると思ったら、肺に水がたまり、貧血も起こしていたのです。心臓も、ちょっと問題があるようです。そこで定期的に短期入院をして、肺の水を抜いて輸血もしています。

この歳になると、身体に不具合があるのは当たり前。心臓だって101年も動き続けてきたのですから、少々くたびれるのは当然です。だったら今まで未知だった「病気」という状態や、病院の人々の様子などを観察して、面白がってしまおう、そんな気持ちでいます。すると看護師さんの喋り方ひとつとっても、それぞれ違っていて、なかなか面白いのです。「へぇ、こんな話し方をするんだ。どこの出身だろう」などと想像してみたり、ちょっと訊ねてみたりしています。一日中、寝間着でいると気持ちが後ろ向きになると気づいたのも、入院したおかげです。

入院中の自分を観察したおかげで、きちんとしなくてはいけないと、改めて自分を戒めることもできました。

秘訣20

未知の領域への好奇心を働かせ面白がる精神で

夫は晩年、「自分が老人になるなんてまったく考えていなかったから、歳をとって初めて出会う自分が面白くてたまらない」と言っていました。老いの受け止め方はそれぞれです。性格も人によって違うでしょうから、衰えていくことを悲しみ、なんのために生きているのかと、鬱々とする方もいるかもしれません。

しかし、どうせなら、最後のときまで幸せに生きたいもの。そのためには「老い」という未知な領域への好奇心を働かせ、自分の老いさえも面白がる気持ちでいたほうが、日々楽しいと思うのです。この歳になっても、まだ初めての経験ができる。そう思うと、私は先が楽しみでなりません。

これからも自分の老いを観察し、「へぇ、人間ってこんなふうになるのね」と変化を面白がり、ゆくゆくは、「ほぉ、死とはこういうものなのか」と未知の世界を楽しみ、日々自分らしく生きていきたいと思います。

秘訣
21

先々を不安に思うより、今を精いっぱい楽しく

「101歳でひとり暮らしなんて、不安じゃありませんか？」と、よく尋ねられます。もちろん、不安なこともたくさんあります。しかし、人間いつ何があるか分からないのは、家族がいても同じ。ひとりだから、とりわけ不安というわけではありません。

さすがにこの歳になると、人の助けを借りなくてはいけないこともたくさんあります。甥や姪、友人、知人、ご近所の方など、いろいろな方の支えがあってこその今の暮らしです。「認知症になったらどうしよう」という声も、よく聞きます。私だって、夜寝られないときなど、なにかしら不安になる日がないわけではありません。しかし次の瞬間、「先のことを思い悩むなんてバカらしい」と、自分の不安を打ち消すようにしています。

なぜなら、いったん何かに不安を感じだすとどんどん連鎖的に不安が生まれ、気持ちが後ろ向きになるからです。人間、なるようにしかなりません。どうなるか分からない未来におびえながら暮らすよりも、今を精いっぱい楽しんで、笑いながらすごすほうが、ずっと幸せではないでしょうか。

第二章
いくつになっても今日を新しく

老いじたく

付き合い上手は老い方上手

ほどよい距離感で、
居心地のよい関係

親しくてもほどよく距離感を保つ

年齢を重ねると人との接点がなくなり、ひとりで家にこもりがちになる人が多いという話を聞きますから、近くに親類や親しい友達がいる私は、幸せだと思います。それらの人たちと居心地のよい距離感を保ちながらお付き合いできているということは、本当に恵まれていると思います。

若いころから、私はお互いの生活のすべてを知っていないと気が済まないといったようなべったりとしたお付き合いが苦手でした。理想は、お互いが自立しており、必要以上に相手の私生活に入り込まないという関係です。

居心地のよい距離感を保つために、私は人から相談を受けてもできないことはハッキリと言いますし、進んで人の世話を焼くということはしません。

このような態度を冷たいと感じる人もいるでしょうが、残念ながらそのようなお付き合いを好む方と私は、長いお付き合いはできないのです。ある一定の距離感を保った少々淡白なくらいの関係のほうが、気持ちがよい関係を長く続けられると、私は思っています。

きょうだいについても、適度な距離感が必要だと考えています。私と妹は、車で十数分というところで、お互いにひとり暮らしをしていました。「そんなに近いのだし、ふたりで住んだほうがお互いに心強いでしょうから、一緒に住んだほうがいいでしょう」と、周囲の人たちによく言われたものです。

しかし、どんなに勧められても、私も妹もそういう気にはなれませんでした。私たち姉妹は、決して仲が悪かったわけではありません。けれども、ライフスタイルが違っていたのです。妹は音楽を教えており、自宅でいつも大勢のお弟子さんに囲まれ、音楽とおしゃべりを楽しんでいました。他方私は、原稿を書く仕事をしており、ひとりでじっくり考えごとのできる環境が必要なのです。

ふたりが一緒に住めば、うまくいかないことは明白で、私たちには、それがはっきりと自覚できていたのです。

お互いに仕事を持ちそれぞれの生活を送りながら、時間が合うと連絡をとって、一緒に食事をしたり出かけたりする。歳をとり、夫を亡くした私にとって、近くに妹がいてくれることはとても心強く、妹にとってもそれは同様でした。

ひとつ屋根の下で一緒に暮らさないことで、私たち姉妹は居心地のよい距離感を保ちつつ、支え合っていたのだと思います。

高齢者の暮らしは、それぞれの好む暮らし方を尊重した上で、孤独にならないよう、周りとほどよい関係を築いていきたいものです。

自分で枠を作らない

老いてこそ
向上心を持つ

姑と暮らして知った人生の価値観

私には、「タンシチュー」と聞くと、真っ先に思い浮かべる女性がいます。20年の時間を共に暮らし、いろいろなことを教えてくれた女性、姑です。

粋に着物を着こなし、90歳を過ぎてもフォークとナイフを優雅に使ってボリュームたっぷりのタンシチューを食べきる姑の姿を、今でもはっきりと思い出すことができます。私はいつもそんな姑を誇らしく感じていました。外交官の娘として生まれ、外交官の妻として長い海外生活の経験を持つ姑は、洗練されていて生活を楽しむ知恵とセンスにあふれ、常に前向きでした。

そして、ゆるぎない自分の価値観と、それを貫くための強い意志を持った女性でした。そんな姑でしたから、世間で言われる嫁姑のイメージとは程遠い、人生の先輩と後輩、よき女友達として、共に暮らすことができたのだと思います。

姑は96歳で亡くなりましたが、素敵な人生の先輩の老いてからの生活を身近に見、共に過ごしたことが、私の現在の生活に大きな潤いを与えてくれているのは間違いありません。

いくつになっても自分を大切にする

世間一般に見てみると、明治生まれの老齢の女性が、レストランでおいしそうにタンシチューを食している風景は、珍しいことだったようで、知人からは、「あのボリュームを残さず召し上がるなんて、とても90歳には思えないわ」などと、びっくりされてしまうこともありました。

歳をとると「あっさりとした和食の味付けを好むようになる」とか、「肉よりも魚が好きになる」と言われていますが、このような嗜好にはその人の幼少期の食生活、その後の生い立ちなどが関わり合っていて、一概に決めつけられるものではないように思います。

年寄りとはこうあるべきなどと、自分で枠を作ってしまうのは本当につまらないこと。おいしいものをおいしいと感じられる今日の自分に感謝して、毎日を謳歌する。姑とのお付き合いの中から学んだことのひとつです。

例えば、お互いの呼び方も自由に

私と姑は、お互いの呼び方についても周囲の人を驚かせていたようです。我が家に姑の学習院時代の同級生をお招きして、同窓会を開いたことがありました。料理などの用意をして、あれこれとお世話をしている私に、姑が「吉沢さん」と声をかけているのを耳にした友人のひとりが、姑を部屋の端に呼んで注意をしたのだそうです。

「お手伝いさんじゃないのだから、お嫁さんに〝吉沢さん〟はないでしょう。ちゃんと、久子さんとお呼びしないと失礼よ」

結婚前に夫の秘書として姑と出会っていたことから、姑は、私たちの結婚後も私のことを旧姓の吉沢さんと呼んでいましたし、一方私は、姑のことをお義母さんではなく、おばあちゃまと呼んでいました。私たちはそのことに違和感を抱いたことがなかったのですが、ひとつ屋根の下に住む家族を旧姓で呼ぶというのは、他人から見ると奇妙に映るのも仕方のないことだったのかもしれません。その後、お互いの呼び方が変わったかというと、お察しの通り、最後まで変わることはありませんでした。

「これまで通りがいちばんシックリくる」というのが、姑と私の結論です。

年齢で諦めない向上心を持つ

自分に枠を作らないというのは、世間の目にとらわれないということだけでなく、自分に限界を作らないということでもあります。学びたい、向上したいと思うものがあっても、「もうこんな年齢なのだから」などという枠で諦めてしまうことがあるかもしれません。

いくつになっても、旺盛な向上心と知的好奇心を持ち続け、学び、向上し続けることができるということを、体現してくれたのも姑でした。

姑は、若いころにロンドンで身につけた英語を生かし、70代で若い人たちに英語や英語圏でのマナーを教える教室を開きました。

この教室が姑の向上心に火をつけました。

「50年前にロンドンで学んだ私の英語力を、現在のロンドンで試したくなってきたわ。教えるためにもっと勉強しなくちゃ」

と言って、実際に船旅で海外に出かけ、さらなる語学力のブラッシュアップをはかったのです。姑の知的好奇心は、英語だけにはとどまりませんでした。

主人と私が古代史に興味を持ち、『古事記』や『日本書紀』の研究を始めたときには、「おもしろそうね。『古事記』を英訳してみようかしら」と言って、『古事記』を学び始めたのです。それからしばらくというもの、私たち家族の話題の中心は、『古事記』となりました。

「ミコトという漢字は、命と尊の2種類が出てくるけれど、違いは何かしら?意味を理解しないと英訳はできないわ」

などといった難しい質問をされることも多くなり、食卓での会話も一段とハイレベルなものになっていきました。私たち夫婦が姑から刺激を受けるということは、我が家では珍しいことではなかったのです。


姑と同居することになったのは、姑が連れ合いに先立たれた76歳、私が43歳のとき。同居を持ちかけたとき姑の反応は「気持ちはうれしいけれど、私はひとりになったら老人ホームに入るつもりでそれだけは貯金してきた」というものでした。

誰にも寄りかからずに老後の暮らしを自分なりにやっていこうとした姿は凛としていて、心から立派だと思いました。私自身の母は私の物心がつくころから絶えず私に寄りかかろうとして、それを疎ましく思ったことがあったからです。

女性の先輩として、老いへの道を歩いている姑の存在は、私にとってのよき道しるべとなりました。毎日をひとり気ままに自分らしく、前向きに生きていけるのも、姑と夫と共に過ごした年月があったからだと思います。ふたりから学んだことは私の生活に息づき、支えとなっています。

老後で大切なのは社会とのつながり

人とのつながりで社会とつながる人を招くことは自分の勉強になる

家に人を招くことで社会とつながる

歳とともに若い人に教わることも増えてきます。

庭の木や草花がいっせいに芽吹き出す季節に、もっと元気だったころの私は若い人に声をかけて新芽の天ぷらパーティをしたものです。若い人たちに材料をそろえてもらい、庭で炭火をおこして、天ぷらを揚げてもらいます。

外の環境では開放感が違うのか、親類の10代、20代とも結構楽しく話ができるのです。そんなとき、若い人の関心事なども自然に知ることができました。

夫が晩年よく口にしていたのは、「歳をとったら若者に付き合ってもらわないと若い人の気持ちがわからない。しかし、若い者から見れば、特別な魅力がないと好んで老人とは付き合わないだろう。できる範囲でスポンサーになって、若い人から教えてもらおうという気持ちが大事なんだ」ということです。

人を家に招き入れることで人とのつながりを持つことは、夫の考えそのものでした。それは「老後でいちばん大切なことは、その人の人生の中でもっとも確かに身につけたものを生かして社会とのつながりを持ち続けること。誰かの役に立っていると思えることが、その人の生きがいになる」ということでした。人を家に招き入れること、人に教えるのはまず自分の勉強になります。人とのつながりはまさに社会とのつながりです。自分から外に出て行かなくても世の中とつながっていられるのです。

外から来る人を拒否する気持ちは誰にでもありますし、家の中を覗かれたくないと思う方もいらっしゃるでしょうが、私はそういう気持ちを持つことが少なかったので、人とのお付き合いが今でも続いているように思います。

ただ価値観の違う人、嫌な人とは付き合いません。その判断は私なりのセンサーが働いて、これが垣根になっています。とはいえ、私の垣根は広く、低いのが特徴。ですからどなたとでも気楽にお付き合いしやすいのです。

夫はよく「収入の1割で暮らせ」と言い、実際に我が家ではそうやって9割を人との交際とそれにつながる経費に使ってきました。

夫の言った本当の意味は収入の9割が交際費だというのではなく、9割は自分たちが使うお金ではない、人のものだと思って暮らせ、ということだったと思うのです。人との付き合いのひとつのあり方を夫に教えられたと思っています。

毎月十数人のメンバーが交代でひとつのテーマを発表する「むれの会」も、もともと夫が始めたもの。我が家でかれこれ40年以上も続いています。メンバーの皆さんは研究者ではありませんが、知的好奇心にあふれた方ばかりで、テーマは『万葉集』の詩歌あり、女性史あり、人物伝ありとさまざまです。夫が始めた勉強会のおかげで、私自身も日々新たな知識と関心を得られます。

次の世代へ伝えたい
本当の豊かさ

子どもには
お金で買えない
真に価値のあるものを

大切なものは親がきちんと与える

老いてから若い人に学ぶことが増える一方で、若い人との付き合いの中で伝えておきたいことも多くあります。

そのひとつは親が子どもに与えるものについてです。

親が与えられるのはお金だけではありません。美しいものを美しいと感じる心や、人や自然に対する優しさといった、お金では買えないけれど、人間にとって大事なものがたくさんあるはずです。

目上の人に対する話し方、食事のマナー、公共の場所でのエチケットといったしつけも、親がしていくものでしょう。そうしたものを身につけていきながら、子どもは半人前となり、一人前になっていくのです。

ただこのしつけが、近ごろはだいぶ怪しくなっていると言われています。実際企業では、新入社員が入ってくると「しつけをやり直さないと使えない」という声をかなり聞きます。

何でも買える豊かな時代だからこそ、お金で買えない大切なものを、親がしっかり与えていくことが理想です。教育も、人としての生き方とか、ものごとの判断力などは、家庭で養うのだということを親は考えておいてほしいと思います。

食事は人格形成に影響する

もうひとつ残念なのは、食事に手をかける親が本当に少なくなったということ。味覚は幼いときに決まりますから、何を食べて育ったかは、人格形成に大きく影響します。

以前、前触れもなく親類の子たちがやってきたので、近所のおいしいトンカツ屋さんにヒレカツ弁当を注文して、それにはんぺんだけを使った白みそ仕立てのみそ汁を作って夕飯にしたことがありました。

盛り付けるとき、とろりと甘いみそ汁に、ちょっと和辛子を落として食べさせたら、ひとりの女の子から、「どうして辛子を入れるの？」と質問されました。

そこで、お汁粉を作るのに微量の塩を加えて甘みを引き出す例を挙げて、「かくれているからこそおいしくなる味作りの決め手だ」と、かくし味について説明しました。

すると、その子は母親がチャーハンの仕上げにスプーン1杯のマヨネーズを混ぜ込んだり、ココアを作るとき、お砂糖の中にちょっぴり塩を入れたりするのを思い出したようです。自分もその通りにしているのだけれど「これもかくし味？」と聞いてくるので、うれしくなりました。

家族のために料理をする母親の姿を見たり、手伝ったりしている子どもの中に育っているものの大きさを教えられた気がしました。

そのような経験を持っているかどうかは、人生の味わいに大きく関わってくるのではないでしょうか。家庭料理は三度三度の連続です。料理一品を作ったら残りの食材で次に何を作れるか、ということも知らなければなりませんが、それは日々の家庭での生活で学ぶのが理想的です。

自分のためにきちんとした食事が作れるということ自体、生きる自信にもつながると思います。

食事が健康な身体と心を作ることも含めて、子どもたちに伝えていってほしいものです。

手紙やはがきで思いを伝え

自分の心を見つめ、確かめる

文章で表そうとするから気づくことがある

私の苦手とするものが、電話での長話です。電話は必要な件を伝えるもの、と思っていますので、用が済むと「じゃあ、また」と言って、早々に切ってしまいます。

気持ちや考えは、文章で伝えるようにしており、毎日の午前中は、ほとんど手紙やはがきを書いて過ごしています。手紙を書くことは、電話ではできない、いろいろな発見をさせてくれるものです。

私は、書き出しに庭の草花や樹木のことについて触れることが多いのですが、文章で表そうとすると、そうでなければ見落としてしまいそうなものを、じっくりと観察するようになるのです。そのような目で見ると、花の姿が凛として見えたり、可憐に見えたり。何気ない風景が、感動を与えてくれるものになります。

「早くて便利だし、届いたということをすぐ伝えられる電話のほうが、礼状よりもいい」という方がいますが、私は頂きものをした上に電話口に相手を呼び出す、というのはとても気が引けてしまうのです。そのとき、その方は来客中かもしれませんし、トイレに行こうとしているかもしれません。

突然電話をするというのは、相手の私生活にずかずかと踏み込んでいるような気がしてしまうのです。

夫もよく「お礼はことさら電話でしてはいけない」と言っていました。ですからどんなに短くても、礼状は必ず書いています。そんな私は、親類のものなどから化石のように扱われていますけれど。

書くコツ、送るタイミング

何かを送るときの添え状、頂いた品のお礼、読者の方へのお返事などで、私は毎日1～3通の手紙やはがきを書いています。あまりに数が多くて、年間にしたら何通出しているかわからないほど。

読者の方からのお手紙には必ずお返事を書きます。先日も何度か手紙をやり取りしていた富山の方が「地元でしか売っていない月世界というお菓子の〝切れっぱし〟がおいしいですよ」と言って手紙とともにそのお菓子を送ってくださいました。お会いしたことのない方ですが、手紙によってこうしたつながりがあるのは幸せなことと思っています。

よく手紙を書くのが苦手だという方から「どうしたら気軽に書くことができますか？」と聞かれます。

私はそんなとき、「何を書き送りたいのか、思った通りを書いては？」とお答えします。机の上の花のこと、近所を通りかかったときの庭の様子などから書き出してもいいですし、電話で話すのと同じような気持ちで、身近なことを書けばいいのではないでしょうか。

身の回りの出来事をすくい上げて相手に伝える喜び、季節の喜び、旅に出た喜び、本や趣味・おいしいものを味わう幸せなどを書くこともワクワクした気持ちにつながることでしょう。

すぐに手に取れる場所にはがきや便箋、万年筆など書くものと切手を置いておけば、パッと取り出せて、書くことへのハードルが低くなります。

はがきは郵便はがきだけでは味気ないので、私は鳩居堂などで絵がついているものを選んだり、最近は知り合いが作る押し花を印刷したはがきをよく使います。私の手紙はときに「電報みたい」と言われるほど。短いことばを書くときに、そうした絵はがきは大変重宝します。

送るタイミングは、お礼状ならすぐに。そのほかでは、例えば新潟に住む知り合いのご夫婦が、よく外国旅行を楽しんでいらっしゃるので、旅行から帰って来るころに「お帰りなさい」とはがきに書いて、送ったりもしています。わざわざ書く、というのではなく、暮らしの中で時間の空いたときに気負わずちょこちょこっと書く。そして、相手が喜びそうなタイミングを見計らって送る。そんなことを心がけています。

自分と向き合うために書く

私が手紙を書くのは相手への儀礼だけでなく、自分と向き合うため。書くことは自分の心を見つめ、確かめる作業だからです。自分の思いにぴったりのことばを探し、美しいことばを見つけることは心と頭をみずみずしくしてくれます。

書くだけでエネルギーを使うのですが、その方を思い浮かべて書くことは、その方のことを思う時間。手紙を書く静かな時間は頭がフル回転する、頭の活動時間でもあると思うのです。

それに最近散歩をしなくなりましたが、1日1回近くの郵便ポストまで手紙を出しに行くことを、外を歩く機会にしています。

ですから手紙やはがきでつながるお付き合いは、私にとって元気のもと。そんな習慣をこれからも続けていきたいと思っています。

第三章 ひとり暮らしの住まいと庭

快適な環境を整える

家の中のお気に入りの場所で過ごす幸せ

好奇心や面白がりの精神を失わずに

庭の景色を眺めて新たな発見

今年の初めは足元が心もとなく、歩いて我が家の庭のささやかな早春を見つけることができませんでした。ところが元気を回復したときに、窓から見えたのはまさに春爛漫の風景。私の得意技は食べておいしかった種を植えて育てることですが、その種から出た芽は背をはるかに超える丈に成長し、2mほどのあんずの木になって今年初めてピンクの花を咲かせてくれました。ほかにはスイセン、ハナニラ、オドリコソウ、ハコベなどが地面を埋め尽くし、みんな一生懸命生きていることを感じさせてくれたことが忘れられません。

見慣れた春の庭の景色でしたが、今年はとりわけ「私も年相応の衰えと静かに付き合っていこう」と思わせてくれました。

家の中でいちばん落ち着く場所は、やはり食堂のダイニングテーブル兼書斎机です。そこの椅子に座ると窓から庭の景色が眺められ、ただぼんやりするのもいいですし、外に咲く花や小鳥が来るのを見たりするのも好きです。

昔、夫がよく「美しいものを見逃すな」と言ったものです。ですから見逃さないように虫めがねで何でもじっくり観察しています。ダイニングテーブルのそばには虫めがねと双眼鏡。庭のイヌフグリの小さな花がどうなっているのか、肉眼ではわからないのですが、虫めがねで見たら凛とした素敵な花でした。それに感動し、以来いろいろな小さな花を見るのが好きになり、楽しくなりました。

庭にやってくる鳥は双眼鏡で息をこらして見ます。この間はシラサギが来たので喜んでいたのですが、シラサギが去って庭を再び見たら、池の魚が何もいなくなってしまって。ときには驚かされることもある観察は、本当に面白いもの。虫めがねや双眼鏡で見ると、新たな楽しみの発見に心が弾みます。

好奇心や面白がりの精神は年齢に関係ありません。毎日楽しく過ごすために欠かせないという気持ちで、いつまでも持ち続けたいと思います。

ひとりごはんにけじめをつける「お盆」

私は、このお気に入りのダイニングテーブルで原稿を書いています。大きな窓に囲まれ明るく風の通るここが我が家の特等席だと思っているのと、座っていても台所が見えるので、何かを火にかけながらでも仕事ができるからです。

食事を作りながら仕事をして、そこで食べるひとりごはんの食卓。ついバタバタとしがちですが、気取らず便利に楽しむ簡単な方法があります。

これは、忙しい人だけでなく、ひとり暮らしの人にもお教えしたい私流の手抜き術です。

仕事が立て込んでいるときは、書きかけの原稿や資料を傍らに食事をとることがあるのですが、このときに重宝するのがお盆です。仕事の道具をさっとテーブルの隅に寄せ、作り置きしておいたおひたしやみそ、塩じゃけなどの小鉢を並べたお盆を置けば、私だけの食卓の出来上がりです。

傍らに仕事道具があっても、「お盆の上は私の食卓」という仕切りを作ることができ、食事を楽しむことができるのです。スペースに仕切りができることで、頭の切り替えもできて気分がいいのです。

仕事が立て込んでいるときにテーブルの上をきれいに片付ける余裕はない。かといって、原稿の上にポロポロとパンくずをこぼしながら食事はしたくない。そんなジレンマから、仕事中でもスマートに食事がとれるアイデアとして生まれたのが、お盆を即席のテーブルとして使うということだったのです。

忙しい人やものぐさな人ほど、生活の中で頭をひねる余地があるように思います。ひとりはとても気ままです。誰に気兼ねすることもなく自由に食べて、過ごしたいように過ごすことができます。ですが、年老いてさらに、生活の中のけじめは大切だと思っています。

土の恵みに満ちた我が家の庭模様

食べても眺めてもいい庭の野草や野菜

育てて食べる楽しみがある庭の小さな畑

「野草を食べる」と言うと、驚かれる方もいらっしゃるでしょうが、春の訪れを待ちかねたように、いっせいに芽吹く生命力あふれる野草たちは、味わい深い食材です。

我が家の庭に顔を出した、セリ、ヨモギ、ハルジオン、ギボウシの芽、コゴミ、雪の下、さんしょうや柿の若葉、椿やボケの花、つつじの花などは、天ぷらにすると、とてもおいしい一品になります。野原からとってきて根づいた嫁菜や、どくだみ、フキやクコの若葉も立派な食材です。

私は、野菜を買うときには、なるべく根つきを選ぶようにしています。だめになってもともとという気持ちで、切り取った根の部分を土に植えるのです。芽を出してくれれば、やはりうれしいもの。正月のお雑煮用に買ったセリの根を庭隅に植えておいたら、芽を出しました。ミツバや春菊なども同様に育ち、ひとり暮らしの汁の青みくらいなら、結構間に合っています。

何でも育てるのが好きなので、庭の片隅を耕して、菜っぱ、なす、トマトや豆も作っています。最近ではもっぱら甥にその世話を任せています。

ひとりでは食べきれなくて、菜っぱにはいつも花を咲かせてしまいますし、なすなどは大きくなりすぎて、皮がひび割れてしまったりします。できたものは虫と分け合って食べるという気持ちで、殺虫剤は使わず、季節ごとのにおいの強いものを植えるのが唯一の防虫法です。

土いじりの楽しさはもちろんですが、「空いている土地を見ると、もったいなくて、ついつい何かを植えてしまう」というのが、戦時の食糧難を経験した私たち世代ではないでしょうか。

当時は近所の農家のおじさんにいろいろなことを教えてもらいながら、自分で何もかもやって、庭で野菜を作っていました。「この辺は酸性土壌だからほうれん草ができない」と言われ、木を燃やしたときにできた灰を集めておいて土に混ぜ、アルカリ性に改良したり。私にとって畑仕事は食べものを育てる営み、とでも言うべきものでした。でも今、畑仕事は楽しみとして、甥や知り合いの大工さんに手助けしてもらいながら、収穫の喜びを味わっています。

現在の我が家の庭は、畑といってもほんの6畳ほどの広さです。ねぎだのパセリ、なす、きゅうりに交じって、しおれさせまいと土に埋めて忘れていたごぼうが葉をのばしていたり、いけ花に使った柳をさしておいたら根づいて青々としていたり。行儀の悪い菜園ですが、季節ごとに、多くの楽しみを与えてくれます。

ある夏には、紫色のごぼうの花と初対面。ごぼうにあんなきれいな花が咲くとはと感激しきり。大根も、にらも、ねぎも、味わいのある花を見せてくれます。夏は、なすやきゅうりや花豆が、紫、黄、赤とそれぞれの色の花を咲かせます。食べたり眺めたり、本当に畑はいいものです。

ものがあろうがなかろうが
幸せならいい

ものとの付き合いで、
ストレスをためない

片付けブームに流されることなく

ものが増えがちな現代では、ここ数年捨てる、処分して片付けるといった整理法がブームです。ものが最低限しかなければ部屋は片付きますし、モデルハウスのような空間が好きな人にはいいことだと思います。確かにすっきり暮らすことは理想ですし、私もそれを望みますが、実行は難しいものです。今となっては体力的にも能力的にも家をひとりで片付け、整理することはできません。

私は戦争中や戦後の、もののない時代を生きてきました。例えば戦争中、なかなか手に入らないバターが赤坂のお店で売りに出されることがありました。そのとき以前買ったバターの紙の空き箱を持って行かなければなりませんでした。そういった経験をしているので、簡単にものを捨てられません。

着古した綿のシャツなどは、雑巾に最適なので、すべてとっておき、油をこぼしたときや靴をきれいにするときなどの使い捨て雑巾として役立てています。捨てると部屋も心もすっきりする効果はあるでしょう。でも、捨てることで逆にストレスを感じる人もいます。まだ役に立ちそうだからとっておき、もう一度役立ててから捨てたいと思うなら、それでいいのではないかと思います。無理してブームにのることはありません。ものがあろうがなかろうがどちらでもいいのです。自分が幸せに暮らしていけるかどうかがいちばん大切です。

ずいぶん前のこと。私共夫婦はあるとき、どれだけ持ち物を少なくできるかやってみようということになりました。ふたりとも、まず和服と洋服の二重生活をやめ、和服を処分しました。私も昔はときに和服を着ていましたが、終戦直後ほとんど盗まれたのをきっかけに、さばさばと着物を着るのをやめました。それ以来、和服を自分で買ったことは一度もありません。

食器もいろいろありましたが、茶碗、お椀、湯呑み、グラスは各1種類、お皿は白の大小2枚に絞り、あとは物置に保存してみました。ところが数日経ち、10日と過ぎないうちに「番茶は厚手の湯呑みがいい」「焼き魚は染め付けのお皿で食べたい」と少しずつ戻ってしまった経験があります。

これらを通じてよくわかったことは、暮らしというものの保守性で、自分たちの家庭の生活文化ともいえる暮らし方は、思いつきやマネだけでは簡単に変えられないということでした。「もったいない」も「捨てる」もブームに流されることなく、自分の暮らしの中でどう反映させたらいいのか、もっと考えるべきなのではと思います。

残して迷惑な写真や手紙は処分

よく「思い出のある写真や手紙は処分しにくい」という声を耳にします。残された人がどう処分していいかわからない、と思うものの代表だそうです。それを聞いて以来、私は手紙とか写真だけは意識して捨てるようにしています。そしてこれらは焼かれるのがいちばんいいだろうと思います。

信州の飯田に文供養をやるところがあると知り、古い手紙をそこに持って行って燃やしてもらいました。大事にしている手紙はためてもありますが、今でも何か月かに1回は自分の庭にある家庭用焼却炉で、写真とともに燃やしています。写真については鎌倉で、お焚き上げしてくれるお寺もあるそうです。

たくさんある食器も少しずつ整理して、みんなに分けています。もともと古い食器は好きでしたが、これだけは大事にしているというものは、今はもうあまりなく、なるべく普段に使うようにしています。

例えば今ペン皿に使っているのは何十年も前に長野の善光寺前の古道具屋さんで、10枚1組で買ったものの中の1枚。ひとり暮らしになったら魚皿など使わないので、万年筆を入れて机のそばに置いています。

我が家には焼却炉がある

我が家の台所は長生きの源

ごく普通の作りでも、衛生と安全対策は怠りなく

風の通る気持ちのいい台所

かつて私は「家事評論家」の肩書きで料理番組の司会をしたり、料理本を出したりしてきましたが、自分が使う台所はごく普通です。決して贅沢な作りではありません。

きれいすぎず、便利すぎず、機能的すぎず、でもしいて言えば清潔で安全対策はしっかりしているのが特徴でしょうか。

窓が大きく、そこから見える木々の緑と、降り注ぐ日差しに気持ちがやわらぐ台所は、身になじんだこの家の中でもとりわけ大事な場所です。風さえあれば、33度くらいまでは扇風機もエアコンもなしで過ごせます。

極めて普通の台所ですが、冷蔵庫棚卸し掃除法や、食器棚の地震対策はご紹介に値するかもしれません。

冷蔵庫の棚卸しで衛生管理

最近は姪に手伝ってもらいますが、月に1回のペースで冷蔵庫の棚卸しをするようにしています。まずは、中のものをすべて出してから消毒用アルコールで庫内の隅々まで拭きます。アルコールは、口に入れても害がないものですし、汚れもよく落ちて消毒もできるので、本当に気持ちがいいのです。

しまうときには、ひとつひとつの食品の状態をチェックします。作り置きのものなどで、危ないなと思ったものは潔く捨ててしまいます。少しずつ残った食材もこれを機会に調理してしまいます。

野菜を使いきってしまうのにちょうどいいのが、私の常備菜であるみそ料理です。中でも鉄火みそは、よく作ります。ごぼうやにんじん、れんこんなどの残り野菜がまとまったら、千切りにして、油で炒め、みそを加えて練り上げると出来上がり。野菜とみその割合を同じにすることだけが決まりごとです。冷蔵庫で日持ちがするので、おかずがさみしいときや、ちょっと小腹がすいたときにごはんにのせたりして、重宝します。こうした残り食材の工夫が、意外とおいしい料理の開発につながることもあります。

冷蔵庫に入れておけばひとまず安心となりがちですが、特に夏場は冷蔵庫の中の食品管理も慎重にしたいものです。

地震に備えた食器棚の工夫

地震対策として食器棚には、重ねたお皿の1枚1枚の間に薄いビニールの緩衝材を挟んでいます。

北海道の知り合いの方がこうしておいたら地震のときに助かった、という話を聞いて、マネをしてみたのです。宅配便の荷物などには、こういう緩衝材がよく使われていますが、私はそれらをとっておき、お皿の形に合わせ丸く切り抜いて使います。地震対策のみならず、陶器同士のすれる音が嫌いなので、ちょうどいいのです。

東日本大震災のとき、東京でもずいぶん食器が割れたという方がいらっしゃいましたが、我が家ではひとつも動きもしなかったのです。棚に並ぶ器は愛着のあるもの。戸棚は作り付けなので倒れる心配はないのですが、中にある食器類は注意しておいてよかったとつくづく思いました。

長く愛用する台所用品に囲まれて

私は以前、食器と同じく、台所用品を見て回るのが好きでした。

今台所にある中では鍋蓋や包丁など、半世紀以上使っているものもあり、見た目はずいぶん古びています。でも見かけによらず機能は万全で、まだまだ現役で活躍しています。

　これらの道具の中には買ってから自分の手で〝改造〟したものもあります。長く愛用する秘訣は自分に合わせていくこと。例えば刃の分厚かったペティナイフは一生懸命研ぎに研いで、包丁並みの切れ味にしました。

「これは便利」と思ったものは新しいものでもおおいに活用します。何でもきれいにかき取るゴムベラも「お節介」とあだ名をつけ、長年使っています。

家事は体調と相談しながらほどほどに

手抜きでもいい、なげやりにはしない

歳をとったら少しずつの掃除がいい

働き盛りのころ、仕事を持ちながら家事をしていた私が活用していたのが、こまぎれの時間です。

例えば、出かけるまでに10分の余裕があれば、ハンカチを手洗いして干しておく。15分時間がとれたら、食器棚1段分の食器を出して敷紙を交換する。20分あれば、キッチンの引き出しの整理、というようにです。

まとまった時間がとれなくても、こまぎれの時間を見つけて、その範囲内ででさるこまめ掃除や片付けを組み込んでいけば、結構いろいろなことができたものです。

さて年月を経て、自由に使える時間がたっぷりとできた近ごろはどうかと言うと、今度は、ちょっとした汚れやほこりを放っておいて後で一度にやろうとすると、たいへんな労力がかかり、体力的に難しくなってしまいます。

そこで、心身になるべく負担をかけないために私がしているのが、気がついたときに少しずつするこまめ掃除です。

特に気をつけたいのが、台所などの水回りです。水気が多いので、掃除をしないとすぐにカビや細菌類の温床になってしまいますし、汚れをためてからでは落とすのが大変。私は、ステンレスのシンクは食器を洗ったあとに、洗剤のついたスポンジでその都度サッと洗います。そして定期的に、夜寝る前に、排水溝や水切りかごに、漂白剤をふきかけておきます。翌朝、水で流すだけで、ぬめりもカビもきれいになります。

ひとり暮らしですから、あまり汚れることのない洗面台は、使ったあとに、そばに置いてあるスポンジでちょっとなでるだけ。この程度できれいに保つことができます。トイレ掃除も、わざわざするのではなく、気づいたときに汚れをさっと拭きとってしまいます。すぐ手の届くところに、市販の紙ぞうきんやアルコールの除菌剤などを置いてあるので、気負わずできます。

衰えを認めた上で、できる範囲のことをする

とはいえ、今の私はまことにルーズそのもの。昔ほど掃除もできませんし、家は散らかし放題と言っていいでしょう。おまけに以前転んで、骨にひびが入ってから、かがみこんだり伸び上がったりするのが少々つらいので、不精になっています。体調と相談で、ときどき一日中片付けものに精を出すこともあります。

今は、家事は気が向いたらやるくらいの手抜きがちょうどいいと思っています。どなたがいらっしゃっても、あまり体裁を取り繕わないで、ありのままを見ていただくという感じで暮らしています。

料理はしますが、それは自分が食べたいから。途中で地震でもあったら火の始末を手早くできる自信がないので、もう揚げものはやめました。

ほかにも歳をとるとできなくなってくる家事もあります。手の力というより指先の力がなくなって、料理でも皮をむいたり、硬いものを切ったりするのが苦手になります。そんなときは皮ごとゆでてからむくとか、電子レンジで温めてから切るなどの工夫をします。弱い力でも切りやすい特大包丁も便利に使っています。

台布巾は絞りにくくなって水気をしっかり切れません。そこで普通の布巾はやめてガーゼの薄いハンカチに変えました。まな板も軽くて洗いやすい小さなプラスチック製のものに。

道具を替えて対処すれば、まだまだできることはあります。

ひとりで暮らしていると、どうしても生活者としての能力の低下を考えながら生きていかなければなりません。できること、できないことの見極めも必要で、ときには他人に頼ってやってもらうことも視野に入れなければなりません。現実として今年になって私も家事の中で甥や姪たちに世話になることも多いのです。

今できることを大切にして、面倒だからと投げやりにすると生活はだらける一方。体調と相談しながらほどほどの家事で、生活していきたいと思います。

枠にとらわれない住まいの考え方

バリアはあえて作って、暮らしの中で運動不足を解消

自宅はプレハブ住宅第1号

私が今住んでいる家は、住宅メーカーが手がけた鉄筋プレハブ住宅の第1号です。夫、古谷との結婚当初は、ふたりで住むには広すぎる一軒家を借りていました。しかし、家事の手が追いつかず、四苦八苦していたところに、今の場所を紹介していただき、その後新しくプレハブ工法で家を建てることにしました。

戦後のあのころは、すべては新しく、初めてづくし。プレハブという工法も斬新で合理的でとても魅力的に思えたものです。

嵐にあったら飛ぶのではないか、という周りの否定的な意見を聞かされて、逆に面白そう、住んでみたいと思ってしまった私。ちなみに何の問題もなく、60年近く経った今も頑丈なままです。

また、住まいといえば、姑は何事に対しても、枠や形式にとらわれないお手本を示してくれました。

姑が私たち夫婦と一緒に暮らしだしたときのことです。そのころ、私の仕事部屋に使おうと、小さなプレハブ住宅を庭に建てていたのですが、姑が一目見てそれをたいそう気に入ったために、急きょ姑の部屋として作り変えたことがはじまりでした。しばらくして、近所の行きつけの飲み屋に出かけていた夫が、常連客から「古谷さんの家では、自分たち夫婦だけ立派な母屋に住んで、おばあちゃんを掘立小屋に追い出しているから、古谷さん夫婦は冷たいという評判がたっている」と言われたと言って帰ってきました。夫はそれに反論することもなく、笑い話として私に話し、私もこの話を面白おかしく姑に話しましたが、内心では「世間ではそう考えるのだな」と多少面白くない気持ちもありました。

すると、姑は「あらまあ、大きなお世話ね。私たち家族が満足して暮らしているのだから、知らん顔して放っておけばいいわ」とさらりと受け流したのです。ご近所からどう見られているか、などということで動じるようなことのない、自分のライフスタイルをきちんと確立していた人でした。

姑の言葉のおかげで「同居生活とはこうあるもの」という枠に縛られず、お互いのプライバシーを保ったプレハブ住宅で、楽しく暮らすことができました。

家の中の少しの段差がトレーニングに

ひとり暮らしは気ままに暮らせる反面、不摂生になりがちです。

近ごろは身体を動かすのが前にも増して面倒になっていきます。ぼんやりと過ごしていれば、一日はすぐに過ぎていって楽です。このように、歳をとるにしたがって身体は楽な時間を求めるようになります。でもそうしてしまうと、今日できたことが明日できなくなるかもしれないと、私は不安になるのです。

無理してでも動いていれば、それなりに動けるもの。このくらいなら、と怠けているとどんどん動けなくなる。身体は正直なものです。

だからこそ自宅である昔のままの古い家を、あえてバリアフリーに変えないで生活しています。部屋ごとにある少しの段差が、私に毎日自然なトレーニングをさせてくれています。

身体を甘やかすと運動不足になる。この考え方は40代ごろから意識していたことです。というのも、昭和30〜40年代はしきりに「動線を短くして家事を合理化せよ」ということが叫ばれていました。それに対し、私は家事を通して少し運動量を増やすほうが健康的なのではと考えていました。

我が家の台所は動きが最短距離にならないように作られています。ゆっくりとでもいいので、アイランド型の作業台をぐるりと半周して道具を取ることが適度な運動になり、身体の弱りを防ぐのではという気がしています。

ただし、転んでけがをしては元も子もありませんので、気をつけながらゆっくりと。最近は器や調理器具の出し入れが思うようにいかなくなり、調整して手の届くところに場所を変えたりして、安全の工夫は欠かせません。

第四章

ひとり暮らしの食卓

手作りの知恵と工夫

健康のもとは食生活

ひとり暮らしは
自分の口を
喜ばせる料理を

すべてはきちんと食べることから

これまでずっと健康できたのは、どんなときでも食べることだけはちゃんとしてきたからだと思います。

1日2食の習慣は夫が生きていたころからです。夫は昼間に物を書く、夜はお酒を飲む、という暮らしでしたので、仕事中眠くなると困るから、と言って昼食はとりませんでした。その習慣に付き合ううちに、私も朝は少し遅めに、お昼は軽くお菓子などつまむ程度で、あとは夕食という食生活になりました。

若いときに栄養学校に行っていたものですから、何をどう食べたらいいかが自然にわかっています。女子栄養大学の香川綾先生がよく「日本人の食生活はいいから、牛乳を1本加えたら理想的」とおっしゃっていました。私も牛乳は大好きで、飲むだけでなく朝の牛乳粥やスープに取り入れます。にんじんをグラッセにしておいて、牛乳を加え、ガーッと攪拌《かくはん》すればポタージュがあっという間に出来上がり。こういうスープを冬はよく食べます。牛乳をとれないときはチーズを1切れなど乳製品は毎日必ず。おかげで骨粗《こっそ》鬆症《しょうしょう》と言われたこともありません。

ひとり分の食事作りはいのちのもとと思って

食いしん坊の私ですが、姑と夫を3年ほどの間に続けて見送ったころ、自分の思いもかけなかった一面を発見しました。少しさみしいけれども、自分のためだけの時間を贅沢に使える、ひとりでの生活を楽しみ始めたころの話です。

それまで家族や来客のために、忙しい中でも時間を見つけ、工夫して続けてきた料理をすることが面倒と感じるようになったのです。仕事と家事に追われていた私にとって、雑念を忘れて煮炊きをすることは、リフレッシュの場でもあったのに、です。「料理好き」だと思い込んでいた自分が、ひとり分の食事を作ることさえも面倒がるようになって、私は自分に裏切られたような思いがしました。

心のうちを考えてみると、張り合いを感じられないことが理由なのだという結論に至りました。思えば、それまでの私は、誰かのために料理をしたことはあっても、自分のためだけに料理をしたことはなかったのです。作ったものをおいしいと言ってもらうことが、たくさんの張り合いを与えてくれていたことに、私はそれまで気づいていなかったのです。

ついつい、買ってきたお惣菜や外食で食事を済ませたり、近くに住む妹や友人のうちでご馳走になったりする日が多くなってきていたある日、銀座に用があり出かけたついでに、昼食をとろうとホテル内の和食のお店にひとりで入ったときのこと。お弁当の突き出しに「柿の白和え」が出てきました。「柿の白和え」は、私の大好物。そのおいしさにもっと食べたくなりましたが、突き出しですから、そんなに量はありませんし、おかわりをするのも気がひけてしまいました。「もっと食べたい」という気持ちがおさまらない私は、帰りに柿を買い求めて、家に着くとすぐにたっぷりの白和えを作りました。

こんなに積極的に台所に立ったのは久しぶりだった気がします。

やっぱり自分で作ったものはおいしい。そのとき、「これからは自分の口を喜ばせるために食事を作ろう」という気持ちになりました。

「柿の白和え」は、「健康の基礎はバランスのとれた食事だ」という私の信念も、思い出させてくれたように思います。

あれから30年以上の時が過ぎ、元気で仕事も続けていられるのは、やっぱりこれまでの食生活に起因すると思っています。いのちのもとである「食べること」は本当に大事なことです。


私は昔から「寝食を忘れて」ということばには疑問を持っていました。だって「寝」も「食」も忘れては何もできなくなってしまうでしょう。いちばん大切な人間の正常な営みを忘れるのは、異常なときだけだと思うのです。今の私は「寝」もそれほど不眠に悩まされることなく、「食」も毎食楽しんでいただくことができて、これ以上の幸せはないと思っています。

朝ごはんをしっかり食べて一日を元気にスタートさせる

朝食作りで思いがけない発見もある

パン、卵料理、果物が今までの定番

1日2食の習慣なので、朝ごはんはたっぷりいただきます。これまで、イギリスパンのトーストに野菜と卵料理、果物とミルク紅茶という朝食をなんとはなしに続けてきました。よく作るのは、ほうれん草のバターソテーに半熟の目玉焼きをのせたもの。黄味をつぶし、ほうれん草と絡めながら食べるとおいしいのです。ほうれん草は1食に1把の半分。ゆでて刻んでバターで炒めます。結構な量なので、これを食べると昼食時におなかのすくことがありません。果物はキウイ、グレープフルーツなどをよくいただきます。

食事の量はなるべく腹七分目にするよう心がけています。なぜなら食べることがあまりにも好きだから、そう心得ておかないとつい食べすぎてしまうのです。この心がけにもかかわらず、ときどき残ったからと余計に食べてしまうことも。でもこれで腹八分目になってちょうどいいのではと思います。

面倒になった卵料理で思いがけない発見

何年も続けてきた朝食作りにも、いくつかのターニングポイントがあります。実は最近身体の動きがにぶくなってから、卵料理をするのが面倒になってきました。1日1個は卵を食べる、と決めていますが、目玉焼きなどをしたあとに汚れたフライパンや小鍋の後片付けが大変と思うようになったのです。

ある朝、パンを切らし、姪が買ってきてくれたパンケーキミックスを思い出してパンケーキを焼きました。1袋のパンケーキミックスを卵2個と牛乳100ccで溶いて焼く、と書いてあったので、作り方に従って焼いたら、きれいなパンケーキが4枚できました。2枚にバターやメイプルシロップ、はちみつなどをかけて食べたらとてもおいしかったのです。

ここではたと気づいたのは、パンケーキ2枚を食べれば卵が1個入っているのと同じ計算。まとめて2袋分のパンケーキを焼いて冷凍しておけば、卵料理が面倒なときはこれを食べておけばいいのだ。

そう思ったら、急に気が楽になりました。パンケーキのほかにも、ときどきチヂミみたいなものを作っておきます。チヂミといっても本式のチヂミではなく、粉を水と卵で溶いて、桜えびやにらを入れたりして作る勝手流。パンケーキもチヂミも1回作る手間で、4回分の朝ごはんにして冷凍しておけば、そのほうが簡単なのではないかと思いついたのです。毎回卵料理を作らなくても、手間がかからず栄養がちゃんととれて、後片付けも楽。あとはミルク紅茶や果物を添えればいいわけです。

好きなものを好きに食べる

季節を味わい、
時には新しい味に出会う
幸せなひとりの夕ごはん

2019
8
中公文庫　新刊案内

おばちゃんたちのいるところ
Where The Wild Ladies Are

松田青子

悩み多き現代人のもとへ、おばちゃん幽霊が一肌脱ぎにやってくる。あなたを救うのは、妬みや怒り!? 胸の中のもやもやが成仏する愉快な怪談集

●640円

ドナ・ビボラの爪

宮本昌孝

(上)帰蝶純愛篇
(下)光秀死闘篇

美濃の斎藤道三の娘にして、織田信長の妻・帰蝶。忽然と歴史から姿を消す彼女と、仕えた明智光秀夫妻の生涯を描く。すべては、本能寺へと繋がってゆく！

●各880円

お春
橋本 治

美貌の母のおもかげを残した十七歳のお春。ある夜の事件をさかいに、彼女は色と恋とに溺れてしまう……

●700円

三人孫市
谷津矢車

狙うは、信長の命ただひとつ! 鉄炮傭兵集団〈雑賀衆〉を率いる若き三兄弟が、戦国の世を震撼させる――

●800円

ダイエット物語……ただし猫
新井素子

夫と猫のダイエットに奮闘する陽子さんを描く表題作他二作に加え、書き下ろしと、夫婦対談を新たに収録

●880円

101歳。ひとり暮らしの心得
吉沢久子

毎日はいつも新しい人生の始まり。101歳で大往生された吉沢さんが教えてくれた幸せな暮らし方の秘訣

●680円

中公文庫

南洋と私
寺尾紗穂
●840円

人生について
小林秀雄
〈文字が大きい新装版〉●900円

成城だより 付・作家の日記
作家の日記
大岡昇平【全3巻】
●1100円

イエス伝 マルコ伝による
矢内原忠雄
●900円

海軍基本戦術
秋山真之 戸高一成 編
●900円

2019年
9月27日(金)
公開!!

任侠学園 映画化!

主演:西島秀俊　西田敏行

監督:木村ひさし　脚本:酒井雅秋

©今野 敏/©2019 映画「任侠学園」製作委員会

原作:「任侠学園」今野 敏 ●667円

「任侠」シリーズ◉好評既刊

任侠病院 ●740円　任侠書房 ●680円　任侠浴場 ●1500円〈単行本〉

三浦しをん ドラマ化決定! テレビ東京系 ドラマスペシャル 2019年9月

あの家に暮らす四人の女 ●680円

中央公論新社　http://www.chuko.co.jp/
〒100-8152 東京都千代田区大手町1-7-1 ☎03-5299-1730(販売)
◎表示価格は消費税を含みません。◎本紙の内容は変更になる場合があります。

ひとり夕ごはんならではの贅沢

朝食はある程度型が決まっていますが、夕食は日によってさまざまです。和食・洋食を問わず、和洋折衷の献立のときもあります。野菜はもちろん、お肉も好きなので、ときどき熊本の知り合いから赤牛肉を送ってもらいます。

お酒はひとりのときは飲みませんけれど、姪とごはんを食べるときに赤ワインを少し飲んだりします。ここのところ好きなのはカンパリ。ソーダ割りが気に入っています。

ひとりごはんと言えば以前、櫂未知子氏の『食の一句』(ふらんす堂)という食べものに関わる歳時記といえる本をめくっていたときのこと。

「炊きあげて　うすき緑や　嫁菜飯　(杉田久女)」

という一句が目に留まりました。

とたんに私は菜めしが食べたくなりました。すぐさま、家にあった聖護院大根の青い葉を湯にくぐらせ、茎を塩漬けにして、炊きたてのごはんに混ぜ込みました。たっぷりと白ゴマをふりかけて、ひとりでハフハフ言いながら食べた菜めしのおいしかったこと。

たったこれだけのことですが、ふと出会った一句に食欲を刺激されて、すぐに作って食べるということが、とても幸せに感じられ、大発見をした気分になりました。自分の食べたいものをその都度作って、思うままに味わう。ひとりごはんならではの本当に贅沢な時間です。

味ごはんで四季を味わう

四季を通して夕食でよく作るのは炊き込みごはんや混ぜ込みごはんです。

春は、庭の野草を使った「菜めし」。夫が生きていたころは、春先になると、いつも近くの善福寺公園をふたりで散歩しながら、嫁菜やツクシを摘んできて、嫁菜めしを作りました。

ハコベやナズナ、セリも菜めしにするとおいしいのですが、私は、ハルジオンの青くてきれいな葉っぱを見かけると、無性に菜めしが食べたくなります。少しアクがあるのですが、そのアクがかえっておいしいのです。

香りを楽しむのが菜めしの醍醐味と思い、私は、嫁菜でも田ゼリでもアク抜きをしません。水にさらして、香りが抜けてしまうのが惜しいのです。大地からいっせいに萌えだした野草を菜めしにしていただくと、本当にいのちを食べるという感じがして、素敵なものです。

食欲が落ちる夏には、「梅ごはん」や「セロリごはん」などさっぱりとした香りのものがいいでしょう。

しかしやっぱり味ごはんがおいしいのは、新米の季節である秋。太るのを気にしつつも、ついつい食べすぎてしまいます。「栗ごはん」や「松茸ごはん」などの定番に加え、「鶏めし」や「中華風炊き込みごはん」「里芋ごはん」などが、食卓に次々と登場します。濃厚な味で男性や若い人にもてなしたいのが「中華風炊き込みごはん」。豚肉と小松菜、長ねぎなどを炒めて炊き込んだしょうゆ味のごはんです。具を炒めるときに使うゴマ油の香りがボリューム感を演出します。少し変わった混ぜ込みごはんの「里芋ごはん」は、小さく切ってから揚げにした里芋を入れた塩味です。たっぷりと白ゴマをふって食べます。

寒い冬には、熱々のだし汁をかけて食べるごはんで、冷えた身体を内側から温めたいもの。私は、「牡蠣めし」と「大根めし」が好きで、冬の間は何度も作って食べています。

私の「大根めし」は、炊きたてのごはんをお茶漬け風に食べるという、なんとも贅沢な料理です。夫の開く酒宴の最後に、よくお出ししたもので、たいへん喜ばれました。酒と薄口しょうゆで味付けをし、お米と同量の千切りにした大根を上にのせて炊きあげたごはんを蒸らしたらすぐによくかき混ぜ、大ぶりの茶碗に

少なめに盛ります。もみのり、針しょうが、へぎゆずなどを薬味にのせ、熱々のいちばんだしをたっぷりかけて食べるのです。

淡い塩味のだしがおいしさの決め手で、外には雪が舞っていても、この「大根めし」は、身体をポカポカにしてくれます。

最近見つけた「袋入り食品」

歳とともに指先に力が入らなくなり、料理の下ごしらえなどが思うようにいかなくなった、と感じることがあります。そんなときは、姪の買ってきてくれた袋入りの調理済み食品や調味料を使ってみます。

どんなものかというと、ちらし寿司のもと、ゴマあえのもと、鍋料理のつゆなど。こうした、以前は台所になかったものが、いつの間にか冷蔵庫や調味料の棚に並ぶようになると、自分がすっかり昔の人になっていることを感じます。

鍋料理のつゆはアルミの袋入りで賞味期限も長いもの。たっぷりの野菜と肉を入れてうどんを食べたらとてもおいしく、簡単にできて確かに便利でした。

こういうものは今後どんどん開発されていくことでしょう。

私がもっと元気で、作り置きのおかずをたくさん作っていたころ、姪がすぐに食べられるおかずがほしい、と言って我が家の冷蔵庫から持って行きました。

若い人たちでもすぐに食べられるものを重宝に思うのですから、高齢者はなおさら面倒くささが先に立って、出来合いのものに頼りがちになります。

ただし、1品ではさほど気にならない食品添加物も、重なると怖いもの。出来合いのものを便利に使って感じるのは、これからは便利に流されることなく、賢い消費者であることがますます重要になっていくのではないかということです。

ていねいにこしらえて
便利に使う

家庭ならではの
手作りのよさ。
四季と通年の保存食

手作りをおすそ分けして気持ちを表す

四季折々の食材に手を加え、長く楽しめるようにする保存食は、日本人の知恵のたまものです。家族がいなくなり、ひとり暮らしをするようになってからは、あまりしなくなりましたが、季節のものを佃煮や漬物にするのが、長年の我が家の年中行事でした。

私は、盆暮れに特別な贈りものをしないので、自分の手作りとか、好きなものをおすそ分け、という形で、普段お世話になっている方に感謝の気持ちや、自分の心を表すことにしています。

よく作っていたのはふきの青漬け、紅しょうが、梅干し、らっきょうなど。ふきの青漬けは、甘いのに酸味があるさっぱりとした味で、魚の塩焼きの前盛りにしたり、お菓子の代わりに少量を小皿にのせてお客様に出したりすると、喜ばれました。

紅しょうがは私の大好物。これを食べるときは「あれを食べたい、これを食べたい」と思い浮かべる入口のようなものです。ですから漬け込むときもいつも心が浮き立ちます。漬け込むための赤梅酢は、頂きものを活用しています。

梅干しは、昔は漬けていましたが、最近はひとりなのでそれほど食べないことと、以前漬け方を教えた方が漬けて持って来てくださるので、それをいただくことにしています。

そのほかにも出盛りの安い時期のイチゴや、夏に出回る熟れすぎたトマトなどでジャムを作ったり、はちみつに青梅を漬け込んだり……。暑い盛りにいらっしゃるお客様のためには、梅を引き上げたはちみつを水で割って氷を浮かべた飲みものにします。

名店街に行けば、日本中はおろか外国の有名なお菓子も手に入る時代だからこそ、我が家特製の飲みものやお茶うけをお客様に食べてもらったり、それを自慢したりすることを楽しみたいものです。名店の味はやはりすばらしく尊敬しますが、おうちの台所で、清潔な器や手で、楽しみながら作るもののよさもあるはずです。

一度に作って保存。調理が格段と楽になる

私はたいてい一品か二品のみそ料理、例えば鶏みそやピーナッツみそ、鉄火みそなどを冷蔵庫に常備するようにしています。冷蔵庫に保存すると、ずいぶん長持ちするので、忘れたころに「そうそう」とちょっと一口ごはんのおかずにしてああおいしかった、というような食べ方をします。手土産としても重宝です。

つい最近までこっていたのが、タラコのペースト。塩タラコを同量のバターと練り合わせるだけで出来上がりです。小分けにして冷凍しておくと、いろんなも

のに使えて便利なのです。例えばクラッカーに塗ってビールのおつまみに、トーストに塗って朝食に、そのほかサンドウィッチの具にもぴったり。ゆで上がったばかりのスパゲティと混ぜれば、あっという間にタラコスパゲティの完成です。ここにいつも小分けして冷凍してあるにんにくのすりおろしや、パセリのみじん切りなどを凍ったまま少しずつのせると、贅沢なスパゲティを楽しめます。

手羽元は甘辛く佃煮にして、冷蔵庫に入れておくと数日は持ちます。夕食のおかずが物足りないときに数本というふうにいただきます。

ドライカレーを作るときも、2～3日は冷蔵庫で日持ちするので、多めに作っておいて、トーストしたパンに挟んでサンドウィッチにしたりします。

一度に数回分作って、冷蔵庫に保存。これは本当にお勧めで、ご自分の好みにあったコツを覚えておけば、手軽なのに手をかけた家庭料理を食べることができます。料理を作っても一度では食べきれないというひとり暮らしの方にも、活用できると思います。ほんの少しの工夫をすれば、いざ調理をする際には格段と楽になるものなのです。

ていねいにこしらえて、便利に使う。家族のために、また自分のために、ほんの少しだけ手をかけ、ていねいにこしらえた家庭料理はなによりのご馳走です。

温かな交流で新しい世代へ伝える恒例冬のゆべし作り

私には生活の手助けをしてくれる甥や姪のほか、熊本からときどき来てくれる旧知の人がいます。1週間ぐらい滞在して、掃除、料理、そのほかいろいろなことを手伝ってくれます。中でも彼女なしでは成り立たないのが、毎年のゆべし作りです。

我が家の食卓には自分で作るものや頂きもののほか、人と一緒に作るものが並びますが、その代表がゆべしです。

これはもともと姑が教えていた英会話の生徒さんだった方が作られていたもの。あまりのおいしさに驚き、作り方を教えていただきました。

まずゆずの中身をスプーンでくりぬいて柚子釜を作り、そこに八丁みそにお酒とみりんを加えて練ったものを詰め、蒸してから数日風干しします。

その後さらにひとつひとつを和紙に包んで、軒先に1か月以上吊るして完成を待ちます。柚子釜に詰めるための「みそを練る」のはなかなかの力仕事。万事心得た熊本の彼女の力と、ほかにもこの味を覚えたいという方のお手伝いがあって、ゆべし作りは40年来の我が家の冬の風物詩になっています。

かつて私が教わった作り方を、今は私が新しい世代に教え、受け継いでいます。冬至から立春まで我が家の軒先には、てるてる坊主のような和紙の包みがぶら下げられ、じっくりと出来上がるのを待っています。

ゆずは毎年50個以上にのぼりますが、これはゆべし作りの習慣を知るさまざまな方々が送ってくださるおかげです。

立春のころに出来上がるゆべし。感謝を込めて皆さんにお届けしています。いろいろな人の力を借りて作る楽しみ、教わった味を伝える喜びを感じながら。

軒先に吊るしたゆべし

第五章
自分らしく生きるために

「しないこと」十訓

「しないこと」十訓

私は101歳まで、比較的いつもご機嫌に過ごすことができたのは、「自分らしく生きる」という思いを持ち続けていたからかもしれません。

そこだけは、どんなときにも、ぶれませんでした。

私にとって「自分らしく生きる」とは、自分の足で立つこと。そして、常識や世間体に流されないで過ごすこと。

そのためには意識的に、自戒していることもあります。

いわば自分のための十訓と言ってもいいかもしれません。

十訓 1

どんなときも自分らしく
愚痴は言わない

愚痴をこぼしているときの人間の顔は、不満たらしくて、醜いものです。なかには口をへの字にひん曲げている人もいますが、そんな人に近づきたいとは誰も思わないでしょう。愚痴を言わないためには、イヤなことや苦手な人を上手に避けて通ることも必要かもしれません。あまり義理を気にせず、どんなときでも自分らしくあれば、そうそう不満はたまらないのではないかと思います。私は１０１歳になりました。１０１年もこの身体を使ってきたのだから、どこか病気が出てくるのも当たり前。だから「そんなものだ、仕方がない」と思っています。ところがまわりを見ると、高齢になるにつれて愚痴が増える人が少なくありません。自分ばかりなんでこんな目に遭うのだろう、なぜこんなに不幸なのかという嘆きもよく聞きます。誰だって、なりたくて病気になるわけではありません。ある程度の歳になったら、病気になるのは当然と思って、受け入れるしかないと思います。

十訓 2

世間体は考えず
したくないことはしない

冠婚葬祭を大事にするのは、世間一般ではあたりまえのことだと思います。でも私は、とくに親しくもない方や個人的に存じあげていない方のところにまでなぜお香典を持っていくのかと、なんとなく違和感を抱いていました。ですからいろいろな方が亡くなったとき、お香典を持って駆けつける、みたいなことはしてきませんでした。そんなふうに常識や世間体にとらわれない私の生き方は、人によっては、自分勝手にうつるかもしれません。しかし「したくないことはしない」と通すのも、自分らしく生きるためには大事なことです。義理に縛られ、本意ではないことを無理やり続けていると、結局はストレスから身体にも負担がかかります。嫌われたらどうしよう、変わりものだと仲間外れになったらどうしようなどと余計な心配はせずに、本当に気の合う人とだけ人間関係を続けていけばいい。私はそう考えて、生きてきたのです。

十訓 3

大切な人との
心のつながりは大事にし
義理のお付き合いはしない

私はいわゆる盆暮れの贈答はしません。その代わり、友人や知人、お世話になっている方に贈りものをすることはよくあります。とくにおいしいものを食べたとき、「あの人にもぜひこれを食べてもらいたい」「あの人ならきっと、この味が好きなはず」と、誰かの顔が浮かんでくるのです。義理のお付き合いも、なるべく避けるようにしています。とくに80歳を過ぎてからは、身体的な負担も大きいので、パーティなどにも顔を出さないと決めました。

長い間、日本では、季節のご挨拶や冠婚葬祭など義理のお付き合いをきっちりすることが美徳であり、人としての作法だと考えられてきました。でも、自分の身を削ってまで義理に縛られることはないと思うのです。とくに老齢ともなれば、体力も衰えてきます。「歳のせいで疲れやすくて」と言えば、たいていのことは受け入れてもらえるはず。時間的にも精神的にも負担になる儀礼的なお付き合いは排するけれど、大切な人との心のつながりは大事にする。それでいいのではないかと、私は考えています。

十訓
4

人間関係は腹八分目にとどめ深入りしすぎない

どんなに親しい間柄でも、人間には触れてほしくない部分があるものです。そういうところには、絶対に触れないようにしています。どの程度なら立ち入っても大丈夫なのかは、相手によっても違います。ですから相手の方の性格や考え方などを見ながら、ここから先は立ち入らないほうがいいと、敏感に感じることも大事だと思います。なかには親しくなったら相手のなにもかも知っていたいという人もいて、「あの人には言っているのに、私には話してくれなかった」などと、不満をこぼす方もいるようです。しかしそれは友情ではなく、単なる独占欲にすぎません。いずれにせよ、大人どうしであれば、距離感を測りつつ、腹八分目のお付き合いをするのがいいのではないでしょうか。理想は、お互いに自立しており、必要以上に私生活に入り込まない関係です。親しい仲にも一線を引き、ある一定の距離感を保った淡々としたお付き合いのほうが、結果的に長く続くのではないかと私は思っています。

十訓5

世の中の競争のほとんどが
どうでもいいこと。
だから人と自分を比べない

私は、人が何をしているか、人からどう思われているかといったことには、なるべく無関心でいるようにしてきました。競争の渦中にも、入らないように注意しています。世の中の競争のほとんどが、どうでもいいことです。そんなことにかかわらなくてもいいし、ましてや自分が当事者となり、誰かと競争するなんて面倒なだけです。私が若い頃、マスコミの世界で活躍している女性たちは、あまり家事をしない方がほとんどでした。ところが私が一生懸命考えていたのは、効率のいい掃除の仕方や、ごはんの炊き方など。そんなことを仕事にしている人は他にいなかったし、自分が関心のあることを追求していればよかったのです。ライバル心というのは、ときに自分を奮起させ、がんばらせるための原動力となります。しかしやみくもに人と自分を比べ、ライバル心を燃やしていると、焦りや苛立ちが生じやすく、結局自分がしんどくなります。「自分は自分」と思うのが、心穏やかに生きるコツではないでしょうか。

十訓 6

夫婦も他人。
相手に多くを望まない

うちは夫婦の間でも、お互いに立ち入らない部分をつくっていました。夫婦であれ、まったく別の個性と感性を持った他人です。だから自分とは違って当然だし、あまりずかずか相手の領域に踏み込まないほうが、お互いの関係を円滑に保つことができるのではないでしょうか。最近は「夫は私のことを理解してくれない」と不満を抱く女性も多いようですが、そもそも他人を完全に理解することなど、無理ではないかと思います。自分自身のことですら、すべて理解することは難しいのですから。「こうあってほしい」「こうしてほしい」と相手に対して要求が多ければ多いほど、満たされない思いがふくれあがり、イライラも募ります。そうなれば、結局は自分がしんどいだけです。自分とは違う人間なのだから、思い通りにならないのはしようがない。そう心得てほどよい距離感を保っていたほうが、夫婦間で波風も立ちにくく、お互いに生きやすいのではないかと思います。

十訓
7

悪口や噂話には、なるべくかかわらない

私は、人の悪口や噂話には加わりません。たまたま場がそういう雰囲気になったときは、「ちょっと失礼しますね」と、自然に席をはずすことにしています。どうしてもその場を離れることができない場合は、うまく話をそらすか、決して同意するそぶりを見せずに、なんとかやりすごすようにします。そのうち相手も張り合いがなくなるのでしょう。私には言ってこなくなります。悪口を言うときの人の顔は、観察すると、醜くゆがんでいるはずです。相手をおとしめるような噂話をしている人たちの顔も同じです。頻繁にそういう顔をしていると、その表情が顔に刻み込まれ、いずれ意地の悪い顔つきになってしまうことでしょう。噂話が好きな人は、その場で一緒に盛り上がっていた人のことも、また別の場で噂するはずです。悪口も然り。そういう人とは、かかわらないのが一番。価値観を共有できる人と、風通しがいい、ほどほどの人間関係を大事にするだけで十分だと思います。

十訓 8

相手を尊重し
人のプライドを傷つけない

人には誇りがあります。プライドと言い換えてもいいかもしれません。ですから年齢や性別に関係なく、相手を尊重する気持ちは忘れてはいけないと思います。以前は、けっこう若い方を自宅にお預かりしていましたが、若い人もそれぞれ個性があり、自分なりの考え方を持っているものです。ですから、いくら私のほうが年上で、さまざまな経験を積んできたからといって、あまり私の考えを押しつけませんでした。ただ年上ということだけで、上からの目線で何か言うのは、おこがましいと思っていたからです。一人ひとりの個性を尊重してきたから、皆さん、後々私と過ごした時間を懐かしく思ってくださるのではないでしょうか。今もときどき、訪ねてきてくれます。老いて外出がままならなくなった私にとって、皆さんの訪問はとても貴重な時間。ありがたいなと思っています。

十訓9

親しい間柄でも
金銭の貸し借りはしない

親しい人との間でも、金銭の貸し借りはしてはいけないと思います。貸し借りがきっかけで付き合いがなくなったり、仲がこじれたりするのは、よくあること。若いときにそういうことを身の回りでよく見てきたので、私は一切、金銭の貸し借りはしないと心に決めて生きてきました。ただ、親戚や本当に仲のいい人が困っており、融通してほしいと頼まれると、なかなかむげには断れないものです。そういう場合はなにがしかのお金を用意し、「私に今できるのはこれだけなの。これは返さなくていいから、役立ててちょうだいね」という言い方をすると、角が立ちません。いったんお金を貸してしまうと、なかなか返ってこなかったとき、催促をするほうもつらいもの。身内であっても、やはりお金の貸し借りはできるだけ避けたほうがいいと思います。

十訓 10

人のやることに口出しをしない

人は人、自分は自分。人は一人ひとり違う価値観や感性を持っているのだから、自分と違っていて当たり前。だから意見や考え方が違っても、「この人はこういう考え方をするのだ」と思い、見過ごしていればいい。そう思っているからこそ、かえって人に対してわりとやさしくできるのかな、という気もします。日常生活や仕事のなかで人と意見がぶつかっても、自分にとって絶対に譲れないものではないのなら、私は我慢して相手を受け入れます。ただし、自分の価値観からここだけは譲れないというときは、「イヤなものはイヤ」という態度を貫きます。普段、なんでもかんでも自分のやりたい放題、我を通すのは、単なるワガママです。ほとんどのことは見過ごして、ここぞというときに自分を通す。それが、人と摩擦を起こさず、それでいて自分らしさを失わずに生きるためのコツかもしれません。

第六章 ひとり暮らしの知恵

ひとりで元気に暮らす

ひとりの時間を
なにより大切に

気持ちをおさめ、
体力を蓄える
自由な時間

その日にできることをすればいい

朝は8時半に起きると決めています。早く目が覚めたときは本を読んだり、テレビを見たりしながらベッドの中でくつろぎます。起きたら花に水をやり、そのあと朝食の準備。支度が整ったらゆっくりいただきます。

もう若いときのように働くということもできないし、自分のできる範囲でと思っていますので、すべてのことがゆっくりになります。

日中は仕事か、家事をして過ごします。仕事は原稿を書いたり、取材の方が見える日はその準備をしたりします。来訪者への暑さ寒さをやわらげる工夫や、そのときに召し上がっていただくものを用意するのもおもてなしの楽しみ。飲みもの、お菓子は？　とあれこれ考えるのも大事な時間です。

暮らしが雑になると、気持ちもどんよりしますので、部屋はなるべくきれいにしたいのですが、ひとり暮らしの気楽さで、汚れは気になったら掃除をする程度。庭掃除はもう足元が心もとないので、知り合いの大工さんや甥夫婦に頼んでやってもらいます。

みんなの手をお借りしつつ、自分でできる範囲の家事をするのが当たり前の日常。暮らしとはこういうものだと思います。

ほかには手紙を書いたり、訪ねてくれた人があれば話したり。夜の6時から7時に夕飯をいただき、食後はテレビのニュースや刑事もののドラマ「相棒」を見たりするのが好きです。こんな調子に家でやることはたくさんあり、特に最近はゆっくりしたペースですので、あっという間に時間が過ぎてしまいます。

ひとり時間は次の行動へのステップ

私の性格かもしれませんが、もし嫌なことがあっても愚痴を言ったり、くよくよ悩んだりすることはありません。何があっても「そういうこともあるかもしれない」と思ってしまうのです。私は生まれつき自分が才能豊かと思ったことはありませんので、仕事を頂き、自分ができるものであれば一生懸命やるだけ、と思っていました。だから焦ったり、無理をしたりすることもないのです。

もし腹の立つことがあっても気持ちをゆったり持ち、落ち着いて考えてみると怒りのもとは案外つまらないことだったと気づいたりします。

私には、ひとりの時間が気持ちをおさめるいい時間になります。ひとりでさみしいでしょうと言われることがありますが、私は「その時間がないと困ります」と思っています。

原稿を書いたり、ものを考えたりするのも、ひとりだからできること。ひとりの時間にお昼寝をしたり、ただぼやっとしたりしているときもあります。その時間も無駄とは思いません。次の行動のための気力、体力を蓄えるのに必要だと考えます。だからこそひとりの時間は、私にはなくてはならない大事なものなのです。

自然に健康で生かされる、
ただそれだけでいい

できるうちは自分で。
それが自分らしさ

年齢による衰えは受け入れる

少しずつ動けなくなるということは、今まで考えてもみなかったことです。足が思うように動かない、ちょっと動くだけで心臓がドキドキしてくる……。心臓の病気と診断されて、仕事をすべてお断りしました。46年間も続け、私の心の支えでもある地方新聞「新潟日報」の連載も2か月間お休みしました。

休んでいた間は何かしようという気力がまったく出ずに、我ながら身体が自由になりませんでした。自分でもなにより驚いたのは、食いしん坊だった私が食べることさえどうでもよくなったことです。戦時中の食糧難のときでさえ食べたいものを日記に書いたり、少ない食材を知恵と工夫で乗り切ったりと、娘時代からとにかく食べることに熱心だった私にとって、こんな経験は初めてかもしれません。

工夫しながらできることは自分で

今は静かにしていれば何でもないので、すべてをゆっくりゆっくりやっていま す。日常生活は、これまですべてひとりでこなしていましたが、最近は用事のあるときは近くに住む甥夫婦や姪に手伝ってもらいます。スイッチを押すとすぐに甥のところにつながる装置もつけてくれました。

今のところは、彼らが手助けしてくれるおかげで、介護保険も使わないで済んでいます。

介護保険といえば、私は昔作ることに携わった側です。評論家の樋口恵子さんが立ち上げた「高齢社会をよくする女性の会」で理事を務め、介護のさまざまな活動をしました。それなのに、私は100歳まで申請したことがなかったのです。

昨年区役所で書類を申請するときに、身分証明が必要になり、係の人から「介護保険の被保険者証はお持ちですよね？」と言われ、「ない」と言うと「そのご年齢で、そんなはずありません！」と押し問答になったほど。

　このたび、お医者さんからも勧められて初めて申請しました。要支援審査の面接で「両手を横に広げられますか？」「歩いてみてください」「自分で爪は切れますか？」などと聞かれましたが、今はどれもできます。でも、いざ審査を経験すると、やがてこういうこともできなくなるのかと考えさせられました。


　これからもできるうちは人に頼らず、工夫しながら、なるべく自分でやろうと思います。我が家には宅配便の方がよく来るのですが、そのたびに玄関まであわてて出ていくのは大変なので、玄関先にハンコを置いておき、部屋の奥から「押していってくださいね」と一言。そしてあとでゆっくり荷物を取りに行きます。こんな調子でなるべく自分の無理のない範囲で動くようにしています。

　でも心臓なんていつどうなるかわからないもの。ひとり暮らしならなおさら、そういう覚悟を常に持っていなくては、と思って過ごしています。

今日の力を
明日に持ち越すために

できないことより
できることを尊重して

今の身の丈に合った範囲での行動を明日へ

歳をとっても気持ちは若いときとほとんど変わらないものです。ただ、身体はだんだん言うことを聞かなくなる。それで老いとはこういうものか、と日々感じるわけです。

そんなとき、亡くなった女優の北林谷栄さんが「女優を続けることは大変なのよ。今日の力を明日に持ち越すために、どれだけ努力が必要かといつも思い知らされているの」と話してくれたことを、思い返します。

つまり、老いるとは今日できたことが明日できない、ということ。北林さんは舞台中も楽屋に簡易ベッドを持ち込んで、自分が出ないときは少しでも休んでいたそうです。そうやって今日の力を明日につなげる努力をして、1日でも長く舞台に立とうとしたそうです。私はいつもそのことばを思い出し、甘ったれてはいられない、前に進む気持ちを持つことが大事、と自分に言い聞かせています。

ところが先日こんなことがありました。

ベッドに入ろうと本を片付けるために本を持ったまま立ち上がろうとしたら、足の甲に当たり、声がでないほどでした。

痛さも普通ではなかったのですが、がまんして立ち上がって歩いてみたら、骨には異常がなかったようです。普段から付き合い慣れた本も、手の力が衰えた今は気をつけて扱わないと思わぬ痛い目にあうのです。

こうした経験をするとあんな痛い思いは二度とごめんとばかり、より気をつけるようになります。落としたりしないように、ていねいに扱います。

気持ちは前向きに、でも日常の動作は今の身の丈に合った範囲で。そのためにも最近私は何かするときには必ず「気をつけて」と自分に一声かけます。自分に声をかけて注意を促すことが自分なりの工夫でもあり、明日につながる工夫でもあると思うのです。

当たり前の日常を当たり前に過ごせる幸せ

できなくなったことを指折り数えるより、今できることを数える。失ったものを惜しむより、今ある能力を生かす方法を考える。そのほうが毎日は楽しいものになるはずです。足が弱り、重い荷物が持てなくなったとしても、日常生活には不便なく動けるなら、動ける範囲で常にできることをしたいと思います。

身体の衰えは病気ばかりではないこと。歳をとって「できなくなること」に気づくこと。これらは今になってわかることばかりです。考えてみれば若いときは何でもできて当たり前。でも身体がうまく動かなくなった今は、そういうごく当たり前の日常生活を当たり前にできることが、いかに幸せで、すごいことなのかと気づきます。

そして老いることで相手のことがよく見えるようになります。さまざまな人の優しさや能力に気づくことができます。

ですから人生を登山にたとえると、下り坂の風景もいいものだ、と思っています。

上り坂の若いときは一生懸命な分、足元だけで周りが見えていませんが、ゆっくり坂を下っている今は視線も上がり、風景を楽しむ余裕も出てきます。つまり、心に余裕ができ、若いときに見えなかったいろいろなことが、広く深く見えるようになります。

ここでできなくなったことばかりを惜しんでいたら、風景さえ見えなくなってしまいます。だからこそ、できないことよりできることを尊重して過ごしたいものです。

社会と関わり、
自分の力で暮らす

人生を切り開く力は
ひとりで生きる基盤

自分の力で社会を生き抜く力は財産

私はひとり暮らしですから、何でもひとりで考えて決めて、生きていかなくてはなりません。だからなるべく「頼るまい」と心がけています。もちろん暮らしを手助けしてくれる人はいますが。

若いときから自立心が強く、早くから働き出したので「頼るまい」という考えは常に持っていました。歳をとっても自分で自分を奮い立たせています。

私は目に見える物質的な財産を信頼していません。もちろん、ないよりあるほうがいいのは当たり前。ただ、信頼できないというのは物質的なものはいつなくなってしまうかわからないからです。

戦争や災害で財産をすっかりなくした例、お金の価値が一変し、贅沢に暮らせるはずだった人が、食べるものも着るものもなくなり困った例など、たくさんあります。

では何がいちばん大切と思うかと問われれば、「どんな立場でも自分の境遇をいつもよりよい方向に向けて切り開いていける力」だと答えるでしょう。

人間はそれぞれ独立して一人前の社会人として生きていかなくてはなりません。誰かに頼るのではなく、自分の力で暮らさなくてはいけないのです。そのときに、人生を切り開く力を持っていることは、火事でも焼けず、泥棒も盗めない本当の財産になります。

そしてこの力こそ、ひとりで生きる自分自身の基盤になります。

ある程度の年齢になれば、人間は長年一緒に暮らした家族と別れてひとりになることもあるでしょう。だから家族といるときから、いつひとりになってもいいよう、考えておかなくてはならないと思うのです。人生を切り開く力、自立した気持ち、それらが大切な財産となって生きるはずです。

社会に目を向け、関わりを持つ

私は毎日寝る前にニュース番組を各局かけもちで見ています。社会の動きは常にチェックしていたいからです。新聞は3紙を。隅から隅まで読むのではなく、見出しだけでも必ず目を通します。こうしてニュースや新聞をチェックして社会の動きに目をこらすことは、長年続けている地方新聞の原稿を書くための準備にもなっています。

ニュースや新聞は世の中と接する窓口。わからない言葉、気になる言葉があるとパッと辞書を引きます。今ならインターネットでしょうか。でも私は手に辞書がくっついていると言ってもいいほどまめに辞書を引きます。面倒だと思ったことはありません。

興味のあるものを追究したり、テーマを持って調べたりすることは楽しく、誰にも遠慮はいりません。好奇心を持って追究することが少しでも前に進む原動力になるのではないでしょうか。

歳とともに物欲は減っても、心の豊かさのための欲は増えてきた私。そのために社会への関心はいつまでも保っていきたいと思っています。

時代は変わりました。かつてはある年齢になったら引退して余生を悠々自適で暮らすことがよしとされましたが、最近ではいまだ働いている私に対して「その歳まで元気に仕事ができるなんてうらやましい」と言われることが多くなりました。

年老いても社会と関わりを持つことが、世間から評価されるようになったと感じます。それが生きる張り合いになることも事実です。

ですから、生かされている限り、身体の衰えを受け入れて、上手に付き合いつつ、一生懸命社会と関わって生きていきたいと願うのです。

老いてからは
清潔というおしゃれを

年齢を受け入れた、
人に不快感を与えない
身だしなみ

年齢を重ねるほど大切なのが清潔感

気飾ったりお化粧をしたりというおしゃれにあまり関心のない私は、昔から衣類にあまりお金をかけてきませんでした。その代わり、食べることが大好きな私は食費には気前よくお金を使います。足がきかなくなるにつれ、タクシーを使うので交通費も出し渋らないようにしています。

衣類は小ぶりなクローゼットに入りきる量しかなく、アクセサリーもほとんど持たず、夫にも「安上がりな人だね」などと言われたものです。要はおしゃれに興味がないのでしょう。服選びの基準は手入れが面倒でないかどうか。シワになりにくい、扱いやすいものを選びます。

そんなふうにおしゃれには疎い私ですが、身だしなみには気をつけます。年齢を重ねるほど大切なのが、清潔というおしゃれだと思っています。人に不快感を与えないよう、いつも清潔にすることだけは比較的早くから気をつけていました。

身体も衣類も清潔にすると、気持ちがシャキッとして心地よいものです。汗をたくさんかく夏は、特に体臭に気をつけたいもの。気兼ねなく洗える着替えがたくさんあると安心できます。着心地がよく、洗いやすくてみすぼらしく見えなければ安物で構いません。ちょっと近所へ買い物に出るとか、ひとりでとる夕食のときでも、気軽に洗濯したものに着替えたいものです。

最近は洋服を買うときに通販をよく利用します。シニア向けの服など通販のファッションもずいぶん充実しているようです。

洋服のほか、美容にもあまり関心を持ったことがありません。顔を洗ったら、レモンを焼酎に漬けてグリセリンを加えて作るお手製レモン化粧水か、小豆島のオリーブオイルの化粧品を塗るだけです。化粧品にこだわりはありませんから、知人にもらったものを長年使い続けています。白髪染めとも無縁です。

若く見せようとするのではなく、自然のままに年齢を受け入れたおしゃれ、清潔感のあるシンプルなおしゃれが素敵だと思っています。

万全にしたい、いざというときの備え

すぐ持ち出せるように、
身の回り品は
いつも手元に

バッグに詰めて誰にでもわかるように

ひとり暮らしなので、もしもの場合の「身の回り入院セット」を作っています。それとは別に災害用も用意しています。私は東京大空襲を経験しているので、用心深いところがあります。当時を思い出して用意は万全に、と心がけています。緊急入院という事態は今までなかったことですが、誰にでもわかるよう何年も前からバッグに荷物をまとめています。これは災害用にも役立つと思います。

入院セットはふたつあります。ひとつには寝間着用に仕立てた浴衣、バスタオル、おしぼりタオル、下着の替え、洗面用具、乳液、コンパクト、口紅、ヘアブラシ、ポケットティッシュが入っています。もうひとつの中身はごはん茶碗、湯呑み茶碗、箸と布巾、はがき、便箋、ボールペン、封筒、原稿用紙、万年筆、認印、健康保険証です。

災害用のバッグには防災用品のほか乳液を入れています。戦争中、空襲で焼け出された友人の「すすけた顔を洗ったら、何もつけるものがなくて突っ張って痛いことが辛い」ということばが忘れられないからです。乳液は普段使いの品で新しいものを買ったらバッグの中の品と入れ替えて使います。あとはベッドのそばにゴム長靴と懐中電灯。割れたガラスで足をケガしないように。

心穏やかにひとり暮らしを送るためにも、何かと心配な災害や入院の準備は怠りなく、と思っています。

ただ、今改めて中身を見直してみますと、この中で原稿用紙やお茶碗などは本当に必要だろうか、と迷ってしまいます。つまり、これらの用意は健康なときにそろえたものだったのです。

元気な自分を想定してそろえたものは、何年かあとには必要なものかどうかもわからないものです。最近身体の衰えを感じ、初めてそのことに気がつきました。

災害用や入院用の備えは、ときどき点検して、現在の自分に何が必要かを改めて考える機会にすべきだと知らされました。

これからもっと
いい人生を送るために

60歳からの生き方を
見つめ直す

60代は自分自身の生き方を考える時期

66歳でひとり暮らしを始めた私ですが、この年齢は定年退職をして、同時に「老い」と向き合い始めるときでもあります。私は101歳、つまり35年の老後を生きているわけで、勤めを終えてからの時間が思いのほか長いのです。私はひとりになってから朝日新聞で「吉沢久子の老いじたく考」を連載したことが大きな転機になりました。老後の生き方、女性の老いをテーマにさまざまな問題提起をしたことで、エッセイや講演など仕事の幅が広がりました。

60代はまだ十分に元気なのですから、これからの自分自身の生き方を考える時期だと今にしても思います。老齢期を迎える以前の努力と勉強の成果が、後年の生活を充実したものとするきっかけを与えてくれるからです。

私個人について言いますと、生きがいとして見つけたものは、日本人の生活史について学び、まとめたいというものでした。私も日々の生活に追われ、生きがいとなるものを見つけられたときには、50歳となっていました。新しい何かを学ぶためには記憶力がかなり落ちていましたから、「できればあと数年早ければ」と思うことは幾度となくありました。それでも自分を律し続け、勉強を続けることで得たものが、今の私の生活を支えてくれています。

最期にいい人生だったと思えれば満足

人生のしまい方に躊躇する人は多いと思います。でも死は避けられないこと。だから最期の瞬間に「いい人生だった」と言えるように今は楽しく暮らしたいと思っています。残していく人たちにいらぬ面倒をかけたくないなら、それなりのしまい方を考えるべきだと思います。死にじたくはひとり暮らしだからというだけでなく、生き方でもあり、自立したひとりの人間として、やっておくべきだと思います。自分との付き合い方の集大成でもあるからです。

私もいずれひとり暮らしを続ける体力がなくなり、人からお世話を受けることになるでしょう。まだ利用していませんが、介護保険も100歳にして、初めて認定を受けました。

人に頼る、頼らざるを得なくなったときどうするかは、もう考えてあります。私の友人が、料理を作るのが困難なお年寄りに食事を提供するボランティアグループ「ふきのとうの会」を立ち上げました。ここに所属する高齢者住宅に入れていただこうと思っているのです。元気に見えてもいつどうなるかわからない年齢です。そのことをしみじみ感じています。

突然私が倒れたとき、周囲ができるだけ困らないように身の振り方や持ち物の始末を考える。これが高齢者として生きる人に必要な姿勢だといえるでしょう。

ひとりで暮らすようになって、最初に身辺整理を行ったのはもう30年も前のこと。そのときに遺言を用意しました。最初に立ち会ってくださった弁護士の先生は亡くなり、次にお世話になった先生も亡くなって、私の遺言は今3人目の弁護士の先生の手元にあります。

遺言書の内容はまず無理な延命処置をしないこと。お葬式をしないこと。それから家や、残っていれば預金の処分についても決めてあります。

生活はシンプルにするのが私たちの年代の考え方です。書棚も食器棚も家具は家に作り付けで、家と一緒に壊すしかありません。私が死んで残るのは本だけですが、これも幸い受け入れてくださる図書館が見つかったので、そのようにお願いするつもりです。

それから、献体の登録もしています。死んでからも社会の役に立てるように、と思うからです。

私にはこのくらいの人生がちょうどよかった。いい人生だった。

人生の終わりと向き合うとき、そう思えればいいのではないでしょうか。終わりのときまで欲張っても仕方ないと私は思うのです。それまでは前向きに、今がいちばん幸せと思って暮らしていきたいと思います。

対談──松浦弥太郎　文筆家
がんばりすぎない、小さな習慣
愛着あるモノと暮らす。それなら部屋も散らかりません

松浦弥太郎　まつうら やたろう

1965年東京都生まれ。エッセイスト、編集者。『暮しの手帖』編集長を経て、現在は㈱おいしい健康「くらしのきほん」編集長。執筆や編集、講演などの活動を行っている。近著『自分で考えて生きよう』（小社刊）など著書多数。

99歳の今も、ひとり住まいを続ける吉沢久子さんのお宅を、生活にまつわる著書の多い松浦弥太郎さんが訪ねました。

モノの住所を決め「空き巣狙い」はしないこと

松浦　生活していると、どうしても家は散らかるものです。いつもスッキリ片づいた状態を保つことは難しい。永遠のテーマですね。

吉沢　私は99歳になり、身体が前ほど自由に動かないので、なかなか片づけが難しくなってきました。使ったモノは元の場所に戻すことが大原則。なのに、それすらだんだんできなくなってきて。最近は、いい加減でいいと自分に許しているんです。

松浦　いま大原則とおっしゃったのは、「モノの住所を決めておき、出したら戻す」ということ。基本の心がけだと、僕も思います。

吉沢　私がよく言ってきたのが、「空き巣狙いはしないように」。空いた場所があると、ついモノを置いたりするでしょう。仮置きは散らかる原因の筆頭です。

松浦　でもどちらも、言うは易し。家が広ければモノが片づくわけではないし、モノが少ないからといってスッキリするとは限らない。

吉沢　それに、家族がいればそれぞれ感覚も違います。私も、口うるさい夫と姑の世話に加え、自分の仕事で毎日目が回るように忙しかったころは大変でね。なんでも出しっぱなしの夫に「自分で出したモノは自分で片づけて」と言いたかったけれど、あの時代の男の人は何もしない人が多いでしょ。仕方なく私が片づけていました。

松浦　僕がまず心がけているのは、できるだけ「モノをまっすぐに置く」ことです。モノがたくさんあっても、乱雑に置かず秩序をつくれば、散らかって見えません。

吉沢　確かにそうです。うちは夫が文芸評論家だったので、そこらじゅう本が乱雑に積み重ねられていた。私は曲がって置かれた本があると、必ずまっすぐに直していました。

松浦　そういう日々の、小さな心がけが大事ですね。

「容量一定」を守り本当に必要かどうかを吟味する

吉沢　モノの絶対量が多いと、やはり片づけにくくなります。だから私は、常に「容量一定」ということを考えていました。ただ、夫の本は増殖する一方。仕事に必要だから、捨ててもらうわけにもいかない。

松浦　わかります。本は捨てられないものです。手放すと後悔するので。

吉沢　加えて私は家事評論家という職業柄、新しい道具や日用品が出たら試してみる必要がありました。お客様が多く、料理が好きだから、食器も増えてしまいますし。そんな夫婦が持ち物を減らすにはどうしたらいいか。一生懸命考えた結論が、「容量一定」。決めた量以上に増やさないということです。でも結局、守ることができたのは、洋服と靴だけでしたね。（笑）

松浦　洋服がきちんとしまわれず、外に出ていると、それだけで部屋の景色が悪くなる。だから僕も、クローゼットに入る量しか服を持たないようにしています。お店で素敵な服を見ると、ついほしくなりますが、買っても入らないぞと思うとブレーキがかかる。新しい服が必要なときは、長く着ているものを若い人に譲るなどして、スペースをつくってから買いに行くようにしています。

吉沢　服に限らず、お店で見てちょっといいなと思ったモノを買ってしまいがちでしょう。台所回りのモノなど、とくに。

松浦　僕もお皿やカトラリー、テーブルクロス、お鍋など、素敵なものが目に入ると心が動く。でもこれも、ひきだしや棚に入る量以上は増やさないと決めています。

吉沢　本当に自分に必要か、見極めて選ぶことが何より大事です。私はかつて都内のデパートでお客様からご相談を受ける仕事もしていましたが、そのときの印象は、「不要なモノを買う人が多いなあ」。ある主婦が、銅《あか》のお鍋を買ってカボチャを煮てそのまま一晩置いておいたら緑青《ろくしょう》が出た、と相談に来ました。銅鍋は熱伝導率がいいのでプロはよく使うし、見た目もかっこいいですけど、実は手入れが大変。主婦が買う必要、あるかしら。

松浦　便利なモノも次々と生まれていますが、わざわざ買わなくてもいい。大抵のことは自分の手を動かせばできるんですよね。

吉沢　野菜の皮はピーラーがなくても包丁でむけるし、きれいにむけると嬉しくて達成感があります。

松浦　僕も包丁2本で、ほとんどのことをすませていますね。いい包丁を買い、常に砥石をシンクのそばに置いて、料理の前にさっと研ぐ。そうすると、長く使えますから。

吉沢　研ぎながら使っていくと、だんだん短く、細くなっていくけれど、手になじんでくるから楽なんですよね。私も包丁は大小2本に絞り、40年ほど同じものを使い続けています。

松浦　長年使っているうちに、道具と友だちみたいな関係になりますでしょ。愛着も湧き、手放せなくなる。すると、ほかのモノがあまり欲しくなくなって、デパートの台所用品売り場も素通りできる。(笑)

吉沢　「厳選した品を長く使う」のは、モノを減らすコツですね。

松浦　僕は、なるべく修理して使い続けることができる品を選ぶようにしています。結果的に、工場の量産品よりもひとつひとつ手作りされた品が多くなりました。手作りのモノは手で直せますから。

吉沢　一時もてはやされたセラミックの包丁を試しに使ったら、ほどなくして割れてしまいました。

松浦　手作りで風合いのよいものならば、ポンと部屋に置いてあっても素敵に見える。邪魔に感じません。

吉沢　目が休まりますからね。今日、お茶をお出しした蕎麦猪口は、戦前に1つ5銭で買ったもの。

松浦　こういう器は出しっぱなしにしていても、いい風景になりますね。もし割れても、金継ぎをすればずっと使えますし。

実践したい
1日5分の小掃除、小片づけ

吉沢　姑の介護と自分の仕事で忙しかった時期は、ちょっとした隙間の時間を見つけて片づけをしていました。10分でも空きがあれば、ハンカチを洗ってついでに洗面台の掃除と片づけをしよう、とか。10分だったら忙しい方でも捻出できますね。

松浦　なんなら5分でもいい。小さな片づけを習慣にすれば、ずいぶん暮らしは変わります。それと、家の中が散らかったら、いっぺんに片づけようと思わないことですね。一気にやろうとすると気が重くなるから、少しずつやればいいと思います。

吉沢　昔は年末に大掃除をする家が多かった。でも私は家事に加えて原稿の締切りも抱え、年末は一番忙しい時期。大掃除どころじゃないの。ですから毎日、食器棚を1段片づけて拭くなど、少しずつ小分けにしてやっていました。私には、それしかできなかったんです。

松浦　毎日の棚1段の積み重ねが、きれいな状態を保

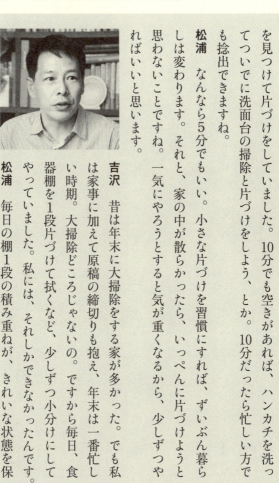

つ秘訣なのですね。掃除はいい気分転換にもなります。仕事をしていればイライラすることもある。そういうときに掃除や片づけをすると、頭が切り替わって、部屋もスッキリ。一石二鳥です。

吉沢　私も最近、気分が晴れないときは夜中でもコンパクトな掃除機でさっとあたりを掃除するんですよ。きれいになると、「さぁ、仕事をしよう」という気持ちになります。

松浦　もうすぐ100歳になられる方が「仕事をしよう」と思われることが、すばらしい！

吉沢　ありがとうございます。

松浦　僕は仕事場の机には、できるだけ何も置かないようにしているんです。片づいている状態で始めると、気持ちが整い、集中できるから。

吉沢　それ、よくわかります。私も原稿を書く前には、ちょっとテーブルを片づけますもの。私は1日の大半を過ごすリビングのテーブルで、食事もすればば原稿も書いていています。原稿用紙に囲まれてごはんを食べる気にはなれないけれど、書きかけの原稿を別の場所に片づけてしまうと、再開のエンジンが温まるまで時間がかかる。そこで一人用のお盆をテーブルに置いて、食事をしています。

松浦　素敵な工夫ですね。

多少散らかっても罪悪感は抱かなくていい

吉沢　家が片づいていると、確かに気持ちも清々しくなります。だからといってあまり片づけすぎても、なんだか自分の家じゃないみたい。よく雑誌などでピシーッと片づいた家が載っていますが、まるでホテルのような印象。

松浦　片づきすぎた状態は、寒々としてしまいますよね。人の暮らしは毎日変わるものだし、ある程度散らかるのは当たり前。あまり厳しいルールをつくると、息苦しくなります。うちは子どもが独立して、妻と犬2匹と暮らしていますが、帰宅すると犬のオモチャが部屋に散乱している。それがけっこう嬉しかったり。

吉沢　楽しそうでいいですね。

松浦　家庭にはいろいろな人や動物が一緒に生きているのですから、多少は散らかるもの。不潔なのは困るけれど、清潔でありさえすれば、適度な散らかりはむしろ、暮らしのぬくもりになるのではないかな。

吉沢　そう思います。今、なんでもかんでもモノを捨てて減らしたほうがいいという風潮がありますが、私はあまり賛成しません。

松浦　同感です。

吉沢　かつて、もっと簡単に暮らすため、徹底的にモノを減らす生活を夫と実践したことがあるんです。使っていた食器は物置にしまい、お茶もコーヒーもお水も1種類のカップで。おかずもシンプルなプレートですませました。ところがだんだん、味気なくなってきて。番茶はやっぱり染め付けの器で飲みたいし、煮物は益子の鉢に盛ったほうがおいしそう。結局、元の暮らしに戻りました。

松浦　僕もシンプルな生活に憧れて、徹底的にモノを減らした時期がありました。いったん減らしたことで、本当に自分にとって大切なモノは何なのか、見直すことができました。

吉沢　器など、生活のうるおいとなるモノは必要ですね。

松浦　そうです。日々の暮らしは、リラックスしていないと。だから、掃除や片づけについては、あまり自分に厳しくならないことも大事ですね。家族がいれば、どのくらいの片づき具合が心地いいかはそれぞれ違う

ので、お互い許し合うことも必要でしょう。

吉沢　ここはこだわるけれど、ここはどうでもいいというメリハリがあっていい。私の場合、一番忙しい時期は、多少散らかっていてもホコリさえなければいいと、自分に甘い基準をつくっていましたね。

松浦　僕も若い頃は几帳面でしたが、年齢とともに、○か×かではなく、その間の△が心地いいと感じるようになりました。その環境にいて自分の心がスッキリすれば、それでいい。

吉沢　家が片づいていないと、なんとなく罪悪感を抱きがちでしょう。

松浦　そうなると気持ちも塞いでしまいますね。

吉沢　だからその人なりの居心地のよさを目指して、ほどほどに。それでよいのではないでしょうか。

（構成◎篠藤ゆり　撮影◎川上尚見）

「婦人公論」（２０１７年５月９日号）より抜粋

むれ 勉強会
むれ 春号 〆切 一月末
編集 塩出
大辞林

本文庫は、単行本『100歳になっても！　これからもっと幸せなひとり暮らし』（2015年10月　KADOKAWA刊）と『100歳の100の知恵』（2018年4月　自社単行本）を加筆、再編集し改題したものです。

中公文庫

101歳《ひゃくいっさい》。ひとり暮《く》らしの心《こころ》得《え》

2019年8月25日　初版発行

著　者　吉《よし》沢《ざわ》久《ひさ》子《こ》

発行者　松田陽三

発行所　中央公論新社

〒100-8152　東京都千代田区大手町1-7-1
電話　販売 03-5299-1730　編集 03-5299-1890
URL http://www.chuko.co.jp/

印　刷　三晃印刷
製　本　小泉製本

©2019 Hisako YOSHIZAWA
Published by CHUOKORON-SHINSHA, INC.
Printed in Japan　ISBN978-4-12-206774-5 C1195

定価はカバーに表示してあります。落丁本・乱丁本はお手数ですが小社販売部宛お送り下さい。送料小社負担にてお取り替えいたします。

●本書の無断複製（コピー）は著作権法上での例外を除き禁じられています。また、代行業者等に依頼してスキャンやデジタル化を行うことは、たとえ個人や家庭内の利用を目的とする場合でも著作権法違反です。

各書目の下段の数字はISBNコードです。978－4－12が省略してあります。

中公文庫既刊より

よ-57-1
一人暮らしをたのしんで生きる　吉沢久子
歳を重ねてこそ得られる、豊かな人生のための知恵と工夫とは。一人暮らしをたのしむためのお手本が満載。九十八歳。話題のロングセラー待望の文庫化！
206269-6

よ-57-2
今日を悔いなく幸せに　吉沢久子
一〇〇歳になりました。日々の暮らしのなかに見つける小さな喜び、四季を楽しむ食の工夫……老後の人生を幸せに生きるためのちょっとした知恵を伝授します。
206535-2

ひ-32-1
死をどう生きたか　私の心に残る人びと　日野原重明
著者入魂の書。主治医として看取った人びとの真摯な姿を描きながら、死を受容することの意味について深く考える。亡き妻への追憶を初めて文章にして加筆。
206179-8

ひ-32-2
長寿の道しるべ　日野原重明
「長生きだけでは意味はありません。その長寿を楽しむことこそが理想的な生き方です」。満105歳にしてなお意気軒昂な元気の秘訣を教えましょう！
206354-9

か-89-1
老いへの不安　歳を取りそこねる人たち　春日武彦
よく老いることは、むずかしい。老人たちの不安に向き合ってきた精神科医が、老いゆく人の心に迫る。哀しくもおかしな老いの見本帳。〈解説〉宮沢章夫
206744-8

か-86-1
老後の資金がありません　垣谷美雨
老後は安泰のはずだったのに！　家族の結婚、葬儀、失職……ふりかかる金難に篤子の奮闘は報われるのか？　〝フツーの主婦〟が頑張る家計応援小説。
206557-4

か-86-2
夫の墓には入りません　垣谷美雨
ある晩、夫が急死。これで〝嫁卒業〟と思いきや、介護・墓問題・夫の愛人に悩まされる日々が始まった。救世主は姻族関係終了届⁉　心励ます人生逆転小説。
206687-8